本书是国家社会科学基金重点项目"稳增长、调结构的政策工具选择与方法创新研究（15AZD006）"的阶段性研究成果。该项目自2015年立项，2020年结项，结项成绩为"良好"。

资产收益率宽幅度：
税负调节实体企业高质量发展的路径研究

赵立三　王嘉葳◎著

人民出版社

目 录

绪 论 ·· 1

第一节 研究背景与研究意义 ·· 1
    一、研究背景 ·· 2
    二、研究意义 ·· 4

第二节 国内外相关文献综述 ·· 6
    一、关于企业高质量发展的研究 ······································ 6
    二、关于税负影响企业行为的研究 ·································· 11
    三、文献评述 ·· 15

第三节 研究内容与研究方法 ·· 17
    一、研究内容 ·· 17
    二、研究框架 ·· 19
    三、研究方法 ·· 20

第四节 主要创新点 ·· 22

第一章 概念界定、现状分析与理论基础 ································ 25

第一节 实体企业高质量发展概念界定 ·································· 25
    一、实体企业高质量发展的内涵 ···································· 26
    二、实体企业高质量发展的度量 ···································· 26

第二节 资产收益率宽幅度概念界定与现状分析 …………… 27
　一、资产收益率宽幅度概念的提出 ………………………… 27
　二、资产收益率宽幅度概念定义及度量 …………………… 29
　三、我国实体企业资产收益率宽幅度现状 ………………… 30
第三节 税负调节概念界定与现状分析 ……………………… 34
　一、税负调节的内涵及度量 ………………………………… 34
　二、我国实体企业税负现状 ………………………………… 36
第四节 理论基础 ……………………………………………… 39
　一、企业能力理论 …………………………………………… 40
　二、资产收益率宽幅度的相关理论 ………………………… 42
　三、税负调节的相关理论 …………………………………… 49
第五节 本章小结 ……………………………………………… 53

第二章 税负调节、资产收益率宽幅度与实体企业高质量发展的理论框架 …………………………………… 55

第一节 税负调节、资产收益率宽幅度与实体企业高质量发展的研究设计 …………………………… 56
第二节 税负调节、资产收益率宽幅度与实体企业高质量发展的理论模型 …………………………… 57
第三节 资产收益率宽幅度影响实体企业高质量发展的理论分析 ……………………………………… 61
　一、资产收益率宽幅度对实体企业高质量发展的影响 …………………………………………………… 61
　二、资产收益率宽幅度对不同实体企业高质量发展的影响 …………………………………………………… 63

三、资产收益率宽幅度影响实体企业高质量
发展的作用路径 …………………………………… 66
第四节 税负调节影响实体企业高质量发展的理论分析 …… 69
一、税负调节对实体企业高质量发展的影响 ………… 70
二、税负调节对不同实体企业高质量发展的影响 …… 73
三、基于时滞性的进一步分析 ………………………… 76
四、基于企业生命周期理论的进一步分析 …………… 77
第五节 税负调节、资产收益率宽幅度与实体企业
高质量发展的理论分析 ……………………………… 79
一、税负调节通过资产收益率宽幅度影响实体
企业高质量发展 ……………………………………… 79
二、税负调节影响资产收益率宽幅度的作用机制 ……… 83
三、基于实体企业异质性的中介效应分析 …………… 86
第六节 本章小结 ……………………………………………… 89

第三章 实体企业高质量发展指数的构建与测算 ……………… 91
第一节 实体企业高质量发展特征与评价指标遴选 ………… 91
一、实体企业高质量发展特征 ………………………… 92
二、实体企业高质量发展评价指标遴选 ……………… 93
第二节 实体企业高质量发展指数构建方法 ………………… 97
一、指数构建的方法选择 ……………………………… 97
二、指数构建的步骤 …………………………………… 98
第三节 实体企业高质量发展指数的测算 …………………… 101
一、实体企业高质量发展层次结构模型的建立 ……… 101
二、实体企业高质量发展指数因子权重计算 ………… 106

三、基于实体企业高质量发展指数的现状分析 …… 108

第四节 本章小结 …… 112

第四章 资产收益率宽幅度影响实体企业高质量发展的实证分析 …… 113

第一节 资产收益率宽幅度影响实体企业高质量发展的实证检验 …… 113

    一、动态面板模型设定 …… 114

    二、基准回归结果与分析 …… 116

    三、稳健性检验 …… 119

第二节 资产收益率宽幅度影响实体企业高质量发展的异质性检验 …… 123

    一、产权性质异质性检验 …… 123

    二、企业规模异质性检验 …… 123

    三、所在地区异质性检验 …… 125

第三节 资产收益率宽幅度影响实体企业高质量发展的路径检验 …… 126

    一、影响路径的模型构建 …… 126

    二、影响路径的结果分析 …… 129

第四节 本章小结 …… 132

第五章 税负调节影响实体企业高质量发展的实证分析 …… 133

第一节 税负调节影响实体企业高质量发展的实证检验 …… 133

一、多元回归模型构建 …………………………… 134
　　二、基准回归结果与分析 ………………………… 136
　　三、内生性问题 …………………………………… 139
　　四、稳健性检验 …………………………………… 140
　　五、不同税种的差异性检验 ……………………… 144
第二节　税负调节影响实体企业高质量发展的异质性
　　　　检验 …………………………………………… 146
　　一、产权性质异质性检验 ………………………… 147
　　二、企业规模异质性检验 ………………………… 148
　　三、时间跨度异质性检验 ………………………… 149
　　四、所在地区异质性检验 ………………………… 151
第三节　基于时滞性影响的进一步检验 ……………… 151
　　一、滞后回归模型构建 …………………………… 152
　　二、时滞性结果分析 ……………………………… 152
第四节　基于企业生命周期理论的进一步检验 ……… 157
　　一、企业生命周期划分 …………………………… 158
　　二、主要变量分阶段统计和检验 ………………… 159
　　三、基于企业生命周期的检验结果 ……………… 161
第五节　本章小结 ……………………………………… 162

**第六章　税负调节、资产收益率宽幅度与实体企业
　　　　　高质量发展的实证分析** ……………………… 164
第一节　税负调节通过资产收益率宽幅度影响实体
　　　　企业高质量发展的实证检验 ………………… 165
　　一、中介效应模型构建 …………………………… 165

二、中介效应结果与分析 …………………………… 168
三、稳健性检验 …………………………………… 172
四、不同税种的差异性检验 ……………………… 174

第二节 税负调节影响资产收益率宽幅度的作用机制
检验 ……………………………………………… 176
一、营商环境的调节效应检验 …………………… 176
二、财政压力的调节效应检验 …………………… 179
三、地区金融发展水平的调节效应检验 ………… 180

第三节 基于实体企业异质性的中介效应检验 ………… 181
一、地区层面异质性检验 ………………………… 181
二、产权性质异质性检验 ………………………… 184
三、运营模式异质性检验 ………………………… 185

第四节 本章小结 ……………………………………… 187

第七章 推动实体企业高质量发展的对策建议 …………… 189

第一节 充分发挥税负调节的作用 …………………… 190
一、提高税负调节的精准性 ……………………… 190
二、保持税收政策的稳定性 ……………………… 191
三、增强税收杠杆的引导性 ……………………… 192

第二节 积极管控资产收益率宽幅度 ………………… 193
一、尽快构建资产收益率宽幅度预警区间 ……… 193
二、充分发挥政府"有形之手"的作用 …………… 194
三、不断优化实体企业发展环境 ………………… 195

第三节 加快健全实体企业高质量发展评价体系 …… 195
一、优化评价指标设置 …………………………… 196

二、改进指数构建方法 ………………………………… 196
三、加强评价结果反馈 ………………………………… 197
第四节 本章小结 ……………………………………………… 198

第八章 研究结论与展望 …………………………………… 199
第一节 研究结论 ……………………………………………… 199
第二节 不足与展望 …………………………………………… 202

参考文献 ……………………………………………………… 203

绪　论

第一节　研究背景与研究意义

　　由高速度增长阶段转向高质量发展阶段是中国经济发展迎来的历史性转变,实现实体企业高质量发展是推动经济高质量发展的基础。然而,当前我国实体企业面临着创新能力不足、杠杆率不断攀升、金融化程度不断加深等问题,这与实现高质量发展仍有一定差距,因而探究影响实体企业高质量发展的内外部因素具有重要的理论意义和现实意义。一方面,从内部因素看,本书基于会计收益的视角,研究包括投资性房地产在内的金融资产收益率与经营资产收益率之间差距持续拉大的资产收益率宽幅度现象是否是抑制实体企业高质量发展的原因;另一方面,从外部因素看,税收作为重要的国家宏观调控工具,本书将探讨税负调节能否管控资产收益率宽幅度,推动实体企业高质量发展。

　　本书绪论基于当前研究背景,阐述了研究的理论意义和现实意义,梳理了关于企业高质量发展与税负影响企业行为的相关文献,探讨了当前研究的不足,并在此基础上总结了本书的研究内容、研究框架和研究方法,最后提出了研究可能具有的创新点。

一、研究背景

党的十九大报告指出,我国经济已由高速增长阶段转向高质量发展阶段。中国经济发展迎来了历史性转变。这既是对我国经济发展阶段历史性改变的重大判断,也是明确发展思路、制定经济政策、实施宏观调控的基本依据。企业是经济发展的微观主体,经济高质量发展归根结底需要通过企业高质量发展予以实现(黄速建等,2018),而实体经济是我国经济发展以及在国际经济竞争中赢得主动的根基(黄群慧,2017),实现实体经济高质量发展是我国由经济大国走向经济强国的必经之路,因此实现实体企业高质量发展是持续推动经济高质量发展的基石。

然而,当前我国实体企业创新能力不足(杨晓妹等,2019;李湛等,2019;李健等,2022),杠杆率不断攀升(刘贯春等,2018;施本植等,2019),金融化、僵尸化程度不断加深(王永钦等,2018;杜勇等,2019),一定程度掣肘着实体企业高质量发展。已有研究表明,在保持经济长期高速增长过程中,由于货币贬值、资产价格上涨,出现了包括投资性房地产在内的金融资产收益率持续走高而经营资产收益率持续走低的"资产收益率宽幅度"现象,改变了实体企业的投融资行为和风险偏好,是实体企业行为异化的深层次原因,抑制了实体企业创新动力,加剧了实体企业金融化、杠杆化、僵尸化(赵立三等,2021),是阻碍实体企业高质量发展的原因。

政策工具是驱动经济增长的核心变量。为加快推进经济高质量发展,更好发挥政府"有形之手"的作用,我国实施了一系列政策措施,其中税收政策发挥着不可替代的作用。回顾我国税收政策实施的历史,优化税制结构、降低企业税负是我国税制体系不断完善过程的重要目标。2004年,为消除生产型增值税所产生的重复征税现象,消费型增值税转型在东北三省部分行业进行试点工作,并于2009年在全国范围内推行。该措施降低了企业的税收负担,鼓励了企业投资,促进了企业技术进步。2008年,《中华人民共和国企业所得税法》开始施行,将内外资企业所得税进行合并,企业所得税税率由33%下调至25%,为企业减负。2012年,上海市交通运输业及部分现代服务业实施"营改增"试点,并于2016年在全国全面推开试点。"营改增"税制改革标志着中国税制改革迈出实质性的一步,是供给侧结构性改革的重要举措。2017年7月1日和2018年5月1日,我国分别简并和降低增值税税率。2019年,我国继续推行增值税改革,增值税两档税率进一步下调,继续推进"税率三档并两档、税制简化"。2020年,我国连续发布实施28项减税降费措施应对新冠疫情冲击,全年新增减税降费超2.5亿元。连续大规模的减税措施对我国经济保持中高速增长作出了重要贡献。但是,随着当前国际国内形势发生深刻变化,加之新冠疫情冲击,我国发展不平衡不充分的问题依然突出,与实现高质量发展的要求仍有一定差距。同时,据统计,我国超90%的税收由企业提供,虽然减税措施不断推出,但企业实际税负依然较重(张克中等,2020)。随着经济下行压力持续加大,企业主体对税费负担敏感度进一步加深,加之国内要素成本上行,制度性交易成本仍然不低,一定程度压缩了企业的生存空间。在中国税制改革不断深化的背景下,税收作为重要的国家宏观调控工具,是当前经济形势下配合供给侧结构性改革和高质量发展目标,降低宏观税负,助力实体经济发展的重要手段(闫坤等,2020)。

综上所述,高质量发展是当前中国经济建设的主旋律,推动实体企业高质量发展对我国实现经济高质量发展至关重要,因而探究实体企业高质量发展的内涵、测度方式以及影响因素具有重要意义。从会计收益的研究视角出发,资产收益率宽幅度现象是造成企业行为异化的原因,阻碍了实体企业高质量发展。同时,税收是政府干预经济活动重要的政策工具,能够调节收益均衡和利益均衡,是助力实体企业高质量发展的重要手段。

二、研究意义

实现高质量发展是我国经济社会发展历史、实践和理论的统一,是开启全面建设社会主义现代化国家新征程、实现第二个百年奋斗目标的根本途径。富有竞争力的企业是高质量发展的微观基础,必须将培育有核心竞争力的优秀企业作为各类经济政策的重要出发点。[①] 同时,实体企业健康发展是我国发展的根基。在当前背景下,构建实体企业高质量发展研究框架,对实体企业高质量发展进行全面、系统、深入的探究具有重要的理论意义和现实意义。

(一)理论意义

本书的理论意义具体表现在以下三个方面。

首先,从微观层面丰富了高质量发展的内涵。现有关于高质量发展的研究大都基于宏观层面,高质量发展是一个同时涵盖宏观、中观、微观三个层次的概念。宏观高质量发展的实现归根结底需要微观企业高质量发展推动才能实现。实体经济是国民经济的根基,因而本书针对实体企业进行研究,基于实体企业特征,探讨了实体企业高质量发展的内涵,并构建了包含创新发展、财务信息、效益创造和绿色共享四个维度的实体企业高质量发展指标体系,是对高质量发展理论的补充和完善。

---

① 参见刘鹤:《必须实现高质量发展》,《人民日报》2021年11月24日。

其次,拓展了关于企业高质量发展影响因素的研究。本书从会计收益视角出发,探究了资产收益率宽幅度对企业高质量发展的影响,厘清了资产收益率宽幅度影响企业高质量发展的作用路径,分析了资产收益率宽幅度对不同类型企业的异质性影响,丰富了关于企业高质量发展内部影响因素的研究。

最后,补充了税负影响企业行为的研究内容。本书探讨了税负影响企业高质量发展的直接效应和作用于资产收益率宽幅度进而影响企业高质量发展的间接效应,并基于不同类型税负、基于时滞性效应、基于企业生命周期理论对相关内容进行了详细讨论,对税负影响企业行为的研究进行了补充,厘清了微观经济主体运行与宏观经济政策实施的内在逻辑。

(二) 现实意义

本书的现实意义具体表现在以下三个方面。

首先,构建了实体企业高质量发展指标体系,为评价实体企业发展质量提供了方法。现有企业高质量发展的衡量方式普遍采用单指标法,虽然具有一定的客观性,但是运用单指标衡量企业高质量发展往往存在一定局限性,不能够真实反映企业发展质量。本书利用因子分析和层次分析组合赋权法构建了实体企业高质量发展评价体系,为构建微观高质量发展评价体系进行了有益尝试。

其次,剖析了资产收益率宽幅度是抑制实体企业高质量发展的原因,为解读当前实体企业发展不充分提供了新视角。当前,金融资产和经营资产之间收益率差距持续拉大的资产收益率宽幅度现象改变了企业的投融资行为和风险偏好,导致企业行为异化,抑制了企业实现高质量发展。

最后,为政府进一步优化税收政策,利用税收杠杆调节经济结构、实现经济高质量发展找到客观基础。税负调节是稳增长、调结构,推动经济高质量发展的重要杠杆化工具,税收杠杆可以有效引导资金流向、调节收益均衡,是推动企业实现高质量发展重要的政策工具。政府应充分发挥税收杠杆的调节作用,利用税收政策引导资产收益率宽幅度回归合理区间,推动经济由高速增长转向高质量发展。

第二节 国内外相关文献综述

高质量发展这一概念自提出以后成为国内学术界的研究热点,然而对于企业高质量发展这一微观概念的研究尚处于起步阶段,还未形成系统的、一致的观点。国外虽然没有高质量发展这一概念,但是关于经济增长的研究成果比较丰富,能够为高质量发展研究提供一定的启迪和借鉴。关于税负影响企业行为的相关研究一直以来都是国内外学术界研究的热点,形成了丰厚的学术成果。本节将对相关文献内容进行梳理,并总结现有文献形成的观点以及存在的不足。

一、关于企业高质量发展的研究

(一) 国内文献综述

学术界对高质量发展的研究主要集中在高质量发展的内涵界定(金碚,2018;张军扩等,2019;洪银兴,2019;王一鸣,2020)、高质量发展测度及评价体系构建(陈诗一等,2018;李金昌等,2019;黄永明等,2019;洪宇等,2020;聂长飞等,2020)、我国高质量发展存在的问题(余泳泽等,2018;张军扩等,2019)以及实现高质量发展的途径(金碚,

2018；王一鸣，2020）等方面。通过回顾、梳理相关文献不难发现，对于高质量发展的研究大多数都是从宏观层面对相关问题进行探讨，对于企业高质量发展这一微观概念的探讨相对较少。由于"质量"涵盖微观、中观、宏观三个层次，因此"高质量发展"应同时包括宏观层面的经济高质量发展、中观层面的产业高质量发展以及微观层面的企业高质量发展。而企业不仅是宏观经济发展的微观主体，同时也是中观产业发展的基本组织，经济高质量发展必须通过企业高质量发展的推动予以实现，因而对企业高质量发展的研究具有重要意义。

关于企业高质量发展这一概念，现有研究仍处于起步阶段，尚未形成完整、成熟的研究成果。探讨企业高质量发展的内涵、如何测度企业高质量发展以及影响企业高质量发展的因素是本研究的基础工作，基于此，对这三方面的相关文献进行了梳理。

首先，关于企业高质量发展内涵的研究。企业高质量发展中的"企业"属于微观层面的概念，指特定企业个体。企业高质量发展作为一个新概念，目前对于其内涵的探讨较少，且未得出一致结论。其中，黄速建等（2018）从"质量""企业发展质量"推演到"企业高质量发展"，深入探讨了企业高质量发展的内涵界定，并识别出企业高质量发展的核心特质，最后结合国有企业的特征对实现高质量发展的路径进行了分析。李巧华（2019）通过分析高质量与制造业企业发展之间的关系，对制造业企业高质量发展的含义进行界定，并探究了制造业企业高质量发展的动力机制和实现路径。

其次，关于企业高质量发展测度的研究。由于企业高质量发展内涵的界定尚未形成，因而测度企业高质量发展的指标也不尽相同，主要包括单指标法和综合评价法两种方法。第一，单指标法。选取某一表征企业高质量发展的变量对其进行衡量。部分学者采用经济增加值率

（陈丽姗等，2019）、劳动生产率（孟茂源等，2021；贾丽桓等，2021；周泽将等，2022）、全要素生产率（施本植等，2019；杨林等，2021；郭涛等，2021；常媛等，2022）等单一指标衡量企业高质量发展。单一指标法虽然相对客观，但是存在一定局限性，选取的单一变量不能够真实反映企业高质量发展水平。由于单一指标法具有较强操作性，因此在当前研究企业高质量发展问题时运用较为普遍。第二，综合评价法。现有关于高质量发展评价指标体系的研究集中在宏观经济层面（苏丽敏等，2022；李强，2021；苏永伟等，2019）及中观产业层面（崔宏桥等，2022；段国蕊等，2021；于婷等，2021）。微观企业层面高质量发展指标体系的研究并不是很多，其中马宗国等（2020）构建了包含效益增长、绿色发展、创新发展、社会共享、开放合作五个维度的制造企业高质量发展评价体系，并运用 TOPSIS 评价模型进行实证分析；王瑶等（2021）采用层次分析法构建了企业高质量发展指标体系，但并未对企业高质量发展进行实证研究；黎精明等（2021）和周健君等（2021）分别运用主成分分析法和问卷调查法研究了国有企业及地方国有企业高质量发展评价指标体系。虽然综合评价法具有一定的主观性，但是采用多指标综合法选取的变量较为全面也能够更好地突出不同企业的特征、表征企业高质量发展程度。

最后，关于企业高质量发展影响因素的研究。近两年，随着微观层面企业高质量发展这一概念被逐渐重视，围绕企业高质量发展影响因素的研究层出不穷，可以将影响因素归结为企业内部因素和企业外部因素。从内部因素看，企业创新、杠杆率、现金持有等都是影响企业高质量发展的重要因素。陈丽姗等（2019）实证研究表明技术创新对企业高质量发展有显著影响；施本植等（2019）实证检验了杠杆率与企业高质量发展之间的关系，并发现二者存在显著"倒 U 形"关系；常媛等

（2022）的研究发现现金持有有利于企业高质量发展；刘冬冬（2022）探究实体企业金融化对企业高质量发展的影响发现，金融化阻碍了企业高质量发展；同时吴成颂等（2021）、张曾莲等（2021）、李雄飞（2022）的研究均表明企业董事高管情况会对企业高质量发展产生显著影响。从外部因素看，政府行为无疑会对企业高质量发展产生重要影响。贾丽桓等（2021）基于沪深港互联互通这一准自然试验，研究发现资本市场开放可以推动企业高质量发展；陈昭等（2019）研究表明政府补贴会显著抑制企业发展质量；陈太义等（2020）、周泽将等（2022）的研究均证明了营商环境优化会提高企业发展质量；孟茂源等（2021）对劳动力成本上升促进企业高质量发展进行了检验；詹新宇等（2021）的研究结果表明地方政府债务扩张通过作用于企业创新和资本配置效率从而抑制了企业高质量发展；石大千等（2019）研究发现城市文明发展显著推动了企业高质量发展；杨林等（2021）、薛菁等（2021）、段姝等（2022）关注到税收政策是影响企业高质量发展的重要因素之一，并通过实证研究表明减税降费能够助推企业高质量发展。

（二）国外文献综述

第一，关于经济增长质量内涵的研究。在经济增长理论发展的历史中，经济增长数量一直是经济增长研究的主要内容，直到20世纪末，随着经济增长质量问题的凸显，这一领域的研究才逐渐得到重视。从狭义上定义经济增长质量，可以理解为经济增长的效率，经济增长质量的提高是经济增长方式转变的结果。卡马耶夫（1983）认为分析经济增长不能仅仅探讨如何增加经济增长数量，还要看到以什么样的代价取得这一增长，考察经济增长要将经济增长速度与质量相互联系。从广义上界定经济增长质量，认为经济增长质量具有丰富的内涵，是一种相对于经济增长数量而言的概念。美国学者托马斯从社会福利层面予以界定这一概念,他发现水平相近的经济增长率可以为人民福利带来不同结果。以往的政策偏重增加实物资本,而忽视了人力资本、自然资本、社会资本以及环境资本的投资。Belton(2017)从资本流动、开放、共享的角度探讨经济发展质量的内涵。Mlachila 等(2017)以发展中国家为研究视角,认为高质量增长是"高增长、可持续、社会友好型的增长",强调长期的高增长是必要的,但光靠高增长可能不够。

第二,关于经济增长阶段划分的研究。经济增长阶段论是经济发展理论的一个重要研究领域。斯密首先将以往历史划分为"狩猎社会""畜牧社会""农业社会"。李斯特在此基础上增加了"农工业社会"和"农工商社会"两个阶段。美国著名经济学家罗斯托依据现代经济理论在《政治和成长阶段》一书中将经济增长划分为传统社会、为起飞创造前提、起飞、成熟、群众性高消费以及追求生活质量六个阶段。钱纳里基于结构转变的角度将各国人均收入水平划分为初级产品生产、工业化及发达经济三个阶段。德国经济学家恩格尔研究出恩格尔系数衡量居民生活水平,从侧面反映了经济体经济增长的阶段。经济增长阶段理论为判断一个经济体所处阶段提供了依据,具有重要理论与实践意义。

第三,关于经济增长理论的研究。斯密在《国富论》中第一次讨论了如何实现经济增长,自此经济增长和经济增长理论成为经济学的核心问题之一。古典政治经济学中,Smith(1776)认为劳动专业化分工对经济增长具有重要意义,Malthus(1798)研究了人口与经济增长的关系。新古典经济学研究中,Marshall(1920)强调企业外部经济和内部经济对经济增长的作用。Schumpeter(1934)认为经济增长不是由外生因素引起的,还指出追求利润最大化可以推动企业创新。现代经济学增长模型建立在 Harrod(1996)和 Domar(1946)模型的基础上,Harrod-Domar 模型认为决定经济增长的因素有两个,分别为决定全社会投资水平的储蓄率以及反映生产效率的资本—产出比率。Harrod-Domar 模型是经济增长理论的第一次革命,标志着数理经济方法在经济学界应用的开始。Swan(1956)和 Solow(1956)修正了 Harrod-Domar 模型中固定技术系数这一假设建立了新古典经济增长模型——Solow-Swan 模型,在这一模型中只有外生的技术进步才能推动长期持续的经济增长,是经济理论增长的第二次革命。以 Romer(1986)和 Lucas(1988)对长期经济增长问题的研究为开端,内生经济增长理论成为经济学家关注的热点问题,这一理论强调知识及技术在长期经济增长中发挥的作用。

二、关于税负影响企业行为的研究

(一)国内文献综述

近年来,国内学者关于税负问题的研究视角渐渐从早期宏观层面转向微观企业层面,大量研究表明企业税负对企业行为能够产生深远影响。降低企业税负可以抑制企业金融化程度,促进企业创新,激励企业投资,推动高质量发展。

首先,关于税负与企业金融化行为的研究。彭俞超等(2017)基于 2007—2015 年上市公司数据实证研究表明,企业实际税负越低,企业金融化程度越低,税收激励政策可以抑制企业金融化行为。庞凤喜等(2019)利用 2010—2016 年 A 股工业企业数据研究发现,企业承担税负越重,金融资产配置水平越高,其中非国有企业的效应更加显著,同时虚拟经济发展程度将放大这一效应。徐超等(2019)基于 A 股制造业上市公司数据,借助 2009 年增值税改革这一外生事件实证考察实体税负与企业金融化之间的关系,研究发现实体税负下降显著抑制制造业企业金融化水平,同时增值税改革对于融资约束较小和重资产企业影响较大。激励机制表明,增值税转型提高了企业实体资产收益率,并扩大企业固定资产投资和研发创新投入。李真等(2021)基于金融化视角对中国式减税降费与经济高质量发展进行研究发现,减税降费政策的实施明显抑制企业金融化程度。刘畅等(2021)利用中国高新技术企业认定这一准自然试验,实证研究表明减税总体上显著抑制了企业金融化。

其次,关于税负与企业创新行为的研究。张璇等(2019)利用多时点双重差分及倾向匹配方法基于"营改增"这一准自然实验实证检验了"营改增"对企业创新行为的影响。研究发现长期来看,"营改增"政策实施具有减税作用,同时"营改增"的减税效应显著促进了企业创新。邓力平等(2020)利用2012—2019年A股上市公司数据研究企业税负对创新的影响并发现,减税政策可以有效促进企业创新。高正斌等(2020)采用中国工业企业微观数据基于2002年企业所得税分享改革,运用断点回归模型实证检验了减税能够显著促进企业创新。范蕊等(2020)基于2008年企业所得税法改革事件研究发现,企业税率降低能够促进企业技术创新,而且在民营企业和金融市场化程度低的地区减税的创新促进效应更加显著。孔军等(2021)实证检验发现企业税负下降显著激励了创新产出,这种激励作用体现在策略性创新产出。

再次,关于税负与企业投资行为的研究。付文林等(2014)实证研究表明税收激励显著促进企业权益性投资,同时企业现金流的增加会提高固定资产投资。毛德凤等(2016)基于民营企业数据实证检验了税收激励对企业投资行为的影响,研究发现税收激励有效提高了企业总体投资水平。许伟等(2016)通过固定效应模型加工具变量的方法分析2004—2009年间增值税转型对企业投资行为的影响,结果表明增值税降低可以有效促进企业投资。肖春明(2021)采用双重差分法实证检验增值税税率下调对企业投资的作用效果,发现增值税税率下调显著促进了企业投资规模。

最后,关于税负与高质量发展的研究。由于高质量发展的提出缘起于宏观层面,对于微观层面——企业高质量发展的研究尚处于起步阶段,且国内学者对于企业高质量发展的内涵定义、衡量方式等尚未形成一致观点,因而对于税负如何影响高质量发展的研究相对较少。王业斌等(2019)利用小微企业数据以企业劳动生产率衡量企业发展质量,实证检验了企业税负与经济高质量发展之间的关系,研究表明税负降低能够有效提高小微企业的劳动生产率。马金华等(2021)基于2013—2018年A股制造业上市公司数据,以全要素生产率作为高质量发展的代理变量实证检验了企业税费负担与经济高质量发展之间的关系,研究发现税费负担降低可以提高制造业企业全要素生产率进而推动经济高质量发展。

(二) 国外文献综述

税负作为企业一项重要的成本,深刻影响着企业的发展空间(Miller,1963)。经济全球化背景下,减税浪潮席卷全球,然而由于社会历史背景不同,各国减税步调也不尽相同。国外减税降费的实践和研究起步较早,对我国未来减税降费政策的实施具有重要借鉴意义。通过对国外相关文献进行回顾梳理发现,国外学者研究减税政策对企业发展的影响主要集中在减税政策对企业投资的影响、减税政策对企业产出的影响以及减税政策对企业研发的影响三个方面。

首先,关于减税政策对企业投资的影响。大部分学者认为减税政策可以促进投资,Klemm 等(2012)利用跨国数据研究发现降低税率能够有效扩大投资;Maffini 等(2016)基于英国2004年实施税收返还政策这一外生事件,研究发现税收激励政策显著促进了企业投资;Zwick 等(2017)利用双重差分法估计了税收优惠对企业固定资产投资的影响发现,税收优惠促进了企业固定资产投资;Ohrn(2018)、Liu 等(2019)的研究均表明税收激励能够有效扩大企业投资规模。一部分学者研究发现税收激励在不同情况下对投资的激励效果不同,Laura 等(2016)利用德国企业截面数据研究发现,企业所得税的降低可以促进企业投资,但内资企业比外资企业收益更多;Jungmann 等(2019)研究了税收影响不同类型及不同动机投资的差异性。一部分学者研究发现不同的减税政策对企业投资的影响也会不同,Leonardo 等(2014)应用差异估计法和综合控制法研究发现,非歧视性减税政策可以增加外国直接投资,而对于选定政府批准投资项目的歧视性减税并不会增加外国直接投资。还有部分学者认为税收政策是典型的政府干预行为,不会对企业投资产生积极影响(Yagan,2015)。

其次,关于减税政策对企业产出的影响。大量学者通过研究发现政府的减税政策能够使企业的产出能力得到提升,Barro(2011)通过实证研究发现美国边际所得税率降低可以促进企业生产效率的提高;Ferede 等(2012)基于加拿大1977—2006年数据研究发现所得税率降低能够促进企业生产;Howell(2016)利用2004年中国增值税改革研究发现税负下降能够显著促进企业产出,增加销售收入。然而,部分学者研究发现减税政策在短期内可以促进企业产出增长,但长期来看减税政策的效果并不明显(Michael,1982)。

最后,关于减税政策对企业研发的影响。大部分学者研究发现税收激励有助于企业创新,Jing 等(2018)基于2002年中国企业所得税改革研究发现企业税率下降能够通过减轻融资约束、降低避税成本从而提高企业的研发投入和创新质量；Inmaculada 等（2018）认为经济长期增长是由研发投资决定的，利用237家西班牙制造企业1990—2009年的数据研究发现税收优惠可以增加企业的研发支出。Czarnitzki 等（2011）、Akcigit 等（2018）的研究表明税收激励不仅能够增加企业的创新数量还能够提升企业的创新质量。部分学者研究发现减税政策对企业研发的影响具有异质性，Simon 等（2017）基于欧洲专利局约200万起专利事件评估税收优惠对专利申请和交易的影响，研究结果表明税收优惠对不同研发活动的激励效果不同；Isabel 等（2017）以挪威、意大利、法国为样本研究与研发活动相关的税收优惠效果是否因行业不同而存在差异，研究发现，无论是研发投入还是研发产出，税收优惠政策对于科技含量越高的行业激励作用越大。然而，还有一部分学者研究发现，税收政策对于企业创新的作用并不明显，Mansfield（1986）通过研究发现一些设计不当的税收政策可能导致企业通过操纵研发费用骗取税收优惠，对企业创新产出没有产生实质性影响；Ming 等（2017）利用新兴经济体中的企业数据研究税收优惠是否能够刺激企业增加研发支出，结果表明如果企业从事研发活动不能盈利，仅仅依靠税收优惠无法激励企业增加研发支出。

三、文献评述

通过梳理现有文献可以发现，对于企业高质量发展的研究起步较晚，相关文献较少，在内涵界定、衡量方式、影响因素等方面尚未形成成熟、一致的研究成果。税负影响企业行为的研究成果比较丰富。税收这一宏观政策对企业微观行为的影响一直是国内外学者关注的热点问题，但是由于企业高质量发展是一个新概念，目前关于税负与企业高质量发展的研究相对较少。现有研究尚未从实体企业高质量发展的总体框架出发进行系统分析和检验,具有一定的研究局限性,具体体现在以下几个方面。

首先,从研究视角看,一方面,已有关于企业高质量发展的研究未将研究视点聚焦到实体企业上,重视实体经济发展是我国经济发展的重大战略和政策导向,实现实体企业高质量发展是推动经济高质量发展的基石,因而结合实体企业特征探究实体企业高质量发展的内涵和测度方式是研究如何实现实体企业高质量发展的基础;另一方面,现有研究发现企业创新、杠杆率、现金持有等都是影响企业高质量发展的重要内部因素,缺乏从会计收益视角对企业高质量发展进行研究的文献。本书研究发现,以公允价值计价的包括投资性房地产在内的金融资产收益率持续走高和以历史成本计价的经营资产收益率持续走低的"资产收益率宽幅度"现象,导致实体企业行为异化,是阻碍实体企业高质量发展的深层次原因。

其次,从研究方法看,高质量发展指标体系构建的研究大都基于宏观层面,基于微观企业层面的研究较少,且多数停留在理论描述,只有少部分学者提供了实证证据,但是尚未形成一致观点,缺乏具有针对性、系统性、基于微观实体企业高质量发展指标体系构建的研究。本书将结合实体企业特征,利用理论描述和实证分析相结合的方式,力图构建一个全面、科学的实体企业高质量发展指标体系。

最后,从研究内容看,已有研究企业高质量发展影响因素的文献大多数都只单独探讨了内部因素或外部因素,企业特征和政府调控都是影响企业行为的重要因素,二者在单独影响企业行为的同时,外部因素也会通过影响内部因素从而作用于企业行为。这是一个复杂的机制系统。同时,现有文献也缺乏对企业高质量发展影响因素作用机制、异质性等问题的深度探讨。本书试图将基于会计收益视角的内部因素和基于税收视角的外部因素均纳入实体企业高质量发展的总体框架中进行系统全面的分析和检验。

综上所述,通过对已有研究的回顾和总结,有必要在已有研究的基础上对企业高质量发展的内涵、测度、影响因素以及税负影响企业行为等内容进行更加全面、系统、深入的挖掘研究。

第三节　研究内容与研究方法

结合当前研究背景,在梳理总结已有文献的基础上,本节介绍了本书的主要研究内容、研究框架以及研究方法,对后续研究内容进行概括,厘清全书结构,梳理研究思路并对书中所用研究方法进行总结。

一、研究内容

本书聚焦实体企业高质量发展,探究资产收益率宽幅度是否是影响实体企业高质量发展的内部因素、税负调节是否是影响实体企业高质量发展的外部因素以及税负调节、资产收益率宽幅度和实体企业高质量发展三者间的关系。首先,梳理了关于企业高质量发展和税负影响企业行为的文献,界定了实体企业高质量发展、资产收益率宽幅度、税负调节的概念和衡量方式并对资产收益率宽幅度和实体企业税负的现状进行了描述,阐释了相关理论基础。其次,基于实体企业特征构建了实体企业高质量发展评价体系,利用因子分析法和层次分析法组合赋权方法得到实体企业高质量发展指数并对我国实体企业现状进行了分析。再次,对资产收益率宽幅度抑制实体企业高质量发展、税负调节影响实体企业高质量发展和税负调节、资产收益率宽幅度与实体企业高质量发展三个方面的内容进行了理论分析、假设提出及实证检验。最后,针对研究结论提出针对性的政策建议。本书共分为四个部分,包括九个章节,具体内容安排如下。

第一部分:提出问题,包括本书的绪论。该部分对当前经济形势进行回顾,总结研究背景,提出研究问题,突出研究的理论意义和现实意义,梳理当前关于企业高质量发展和税负影响企业行为的相关文献,评述已有研究的内容及缺陷,从而体现本书的创新点和研究意义。

第二部分:研究基础,包括本书的第一章。该部分是本书研究的逻辑起点,为后续研究奠定了基础,包括相关概念的界定、度量和相关理论的提出。首先,界定了实体企业高质量发展的内涵和度量方式;其次,对资产收益率宽幅度这一概念的提出、定义和衡量方式进行了梳理,并对当前我国实体企业资产收益率宽幅度现状进行描述;再次,对税负调节这一概念的内涵和度量方式进行阐述,并对我国实体企业承担税负的现状进行描述;最后,总结了本书研究的理论基础,包括构建企业高质量发展评价体系的理论依据、资产收益率宽幅度的相关理论以及进行税负调节的相关理论。

第三部分:理论分析与实证检验,主要包括本书的第二章至第六章。该部分是本书的主体内容,针对本书的研究内容进行了理论分析、假设提出和实证检验。第二章对主要研究内容进行了研究设计并搭建了研究框架,构建了税负调节和资产收益率宽幅度影响实体企业高质量发展的理论模型,并对以下内容进行理论分析和假设提出:首先,探讨了资产收益率宽幅度是否是抑制实体企业高质量发展的内部因素,资产收益率宽幅度对不同实体企业高质量发展的影响有何差异以及资产收益率宽幅度是如何影响实体企业高质量发展的;其次,分析了税负调节是否是影响实体企业高质量发展的外部因素,针对不同类型企业税负调节对实体企业高质量发展的影响有何不同,税负调节对实体企业高质量发展的影响是否具有持续性,并基于企业生命周期理论进一步探讨二者之间的关系;最后,探究了税负调节、资产收益率宽幅度和实体企业高质量发展三者之间的关系,进一步分析了税负调节影响资产收益率宽幅度的作用机制,并基于实体企业异质性探讨了税负调节通过调控资产收益率宽幅度进而影响实体企业高质量发展的差异。第三章基于已有研究和实体企业特征构建了实体企业高质量发展评价体系,利用因子分析法和层次分析法组合赋权方法计算指标权重得到实体企业高质量发展指数,并对当前我国实体企业高质量发展现状进行分析。第四章至第六章在第二章理论分析和理论模型的基础上,对资产收益率宽幅度抑制实体企业高质量发展、税负调节影响实体企业高质量发展及三者之间的关系这三部分内容进行实证检验并对实证结果进行分析。

第四部分:研究结论,包括本书的第七章和第八章。第七章基于本书的研究内容和研究结论对进一步优化税收政策、管控资产收益率宽幅度、推动实体企业高质量发展提出相关对策建议。第八章总结了本书的研究结论,对研究的不足进行探讨,对未来进一步研究进行展望。

二、研究框架

本书以"如何推动实体企业高质量发展"为研究主线,探究了资产收益率宽幅度是否是影响实体企业高质量发展的内部因素、税负调节是否是影响实体企业高质量发展的外部因素以及税负调节、资产收益率宽幅度与实体企业高质量发展三者之间的关系。

根据本书的研究内容,设计如下研究内容框架图,如图0-1所示。

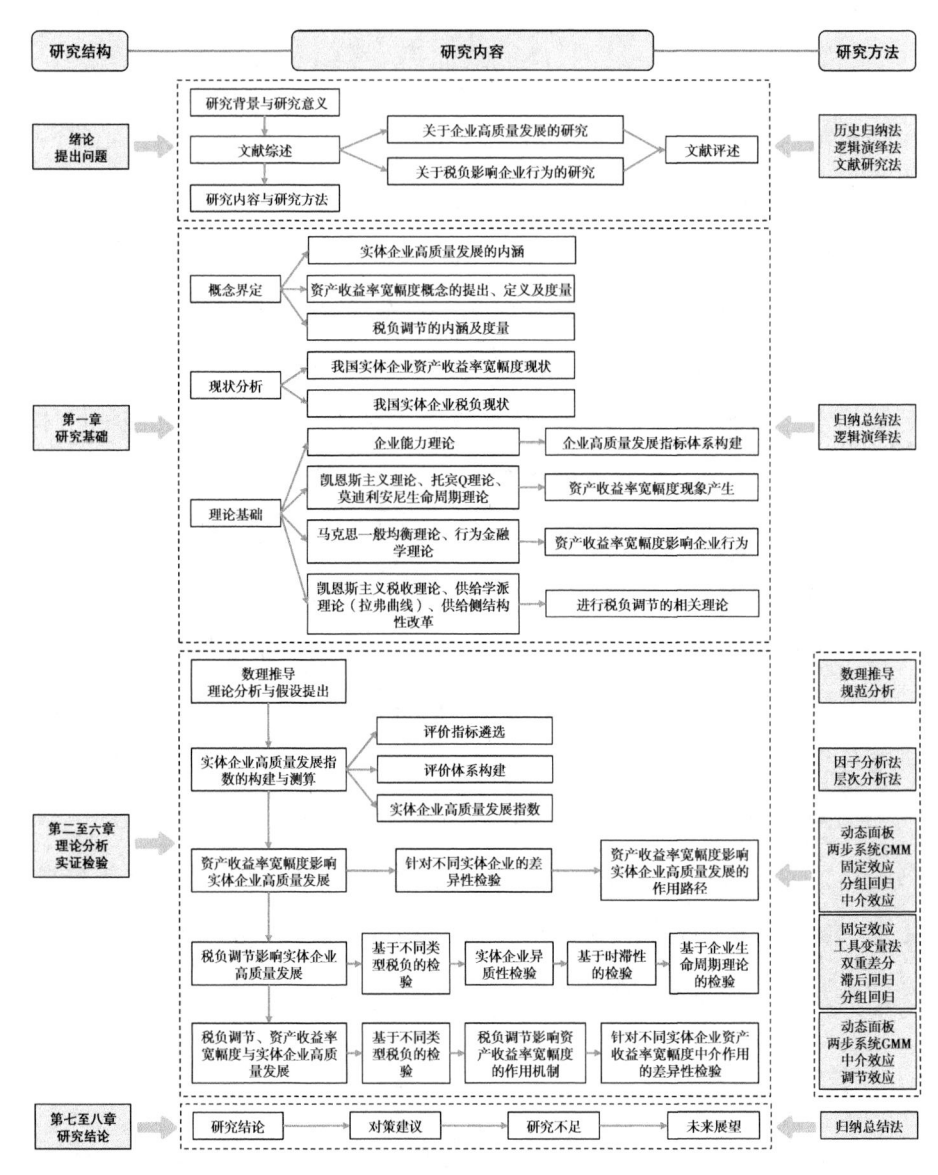

图 0-1 研究内容框架图

三、研究方法

本书聚焦税负调节、资产收益率宽幅度与实体企业高质量发展,主要的研究方法如下。

（一）理论分析

1. 文献研究法。运用 Zotero 文献管理软件对企业高质量发展、税负影响企业行为的国内外文献进行梳理和总结，通过对相关文献的归纳，总结已有文献的研究内容和研究不足，为后续的研究奠定基础。

2. 归纳演绎法。通过归纳关于实体企业高质量发展、资产收益率宽幅度和进行税负调节的相关理论，构建本书的理论基础。企业能力理论为构建实体企业高质量发展指标体系提供了思路，凯恩斯主义理论、托宾Q理论和莫迪利安尼生命周期理论为资产收益率宽幅度现象的出现提供了理论依据，马克思一般均衡理论和行为金融学理论是资产收益率宽幅度影响企业行为的理论基础，供给与需求是理解减税降费的基本理论维度而中国当前实施减税降费的主要依据是供给侧结构性改革。

3. 数理推导法。构建理论模型通过数理推导可以发现资产收益率宽幅度和税负调节都会对实体企业高质量发展产生影响，资产收益率宽幅度拉大将抑制实体企业高质量发展，而税收优惠力度加大时将有利于实体企业高质量发展。

（二）实证分析

1. 因子分析法和层次分析法。基于已有研究和实体企业特征构建实体企业高质量发展评价体系，利用因子分析法和层次分析法客观和主观组合赋权方法得出实体企业高质量发展指数。

2. 两步系统 GMM 估计方法。考虑到实体企业高质量发展具有动态连续性，同时为避免测量误差、遗漏变量等内生性问题，构建动态面板模型，利用两步系统 GMM 估计方法实证检验了资产收益率宽幅度对实体企业高质量发展的影响以及税负调节、资产收益率宽幅度和实体企业高质量发展三者间的关系。

3. 固定效应回归法。基于理论分析构建面板模型利用固定效应回归方法实证检验税负调节如何影响实体企业高质量发展。

4. 工具变量法。为避免内生性问题造成检验误差,本书进一步利用工具变量法检验了税负调节对实体企业高质量发展的影响。

5. 双重差分法。利用"营改增"政策实施这一准自然实验,以全要素生产率代替被解释变量实体企业高质量发展指数对税负调节影响实体企业高质量发展进行稳健性检验。

6. 滞后回归法。构建滞后回归模型探究税负调节影响实体企业高质量发展的滞后效应。

7. 中介效应检验。构建中介效应检验模型对税负调节通过调控资产收益率宽幅度进而影响实体企业高质量发展以及资产收益率宽幅度影响实体企业高质量发展的作用渠道进行检验。

8. 调节效应检验。构建调节效应模型对税负调节影响资产收益率宽幅度的作用机制以及针对不同类型实体企业资产收益率宽幅度的中介效应进行检验。利用分组回归检验了资产收益率宽幅度影响实体企业高质量发展的异质性、税负调节影响实体企业高质量发展的异质性以及税负调节影响处于不同生命周期实体企业高质量发展的异质性。

第四节　主要创新点

本书围绕如何推动实体企业高质量发展,对税负调节、资产收益率宽幅度以及实体企业高质量发展进行了深入探析,创新之处主要包括以下几个方面。

第一,对实体企业高质量发展的内涵进行了探讨和界定,基于实体企业特征利用因子分析和层次分析组合赋权法构建实体企业高质量发展指数。已有研究大多集中在宏观层面对经济高质量发展的内涵界定及指标构建,缺乏对微观企业尤其是针对实体企业高质量发展的探讨,同时由于会计信息是评价经济运行和发展质量的重要依据,是实体企业高质量发展的成果体现,因而本书基于会计微观视角将财务信息纳入企业高质量发展评价体系中,系统全面地构建了实体企业高质量发展指数。

第二,首次将资产收益率宽幅度这一概念引入企业高质量发展的分析框架中,为助推企业高质量发展提供了新的研究视角。研究表明,我国实体企业存在着投资持有金融资产获取高收益率而投资持有经营资产获取低收益率,二者之间收益率差距持续拉大的资产收益率宽幅度现象,这一现象改变了企业的投融资行为和风险偏好,是企业行为发生异化、抑制实体企业高质量发展的深层次原因。

第三,探讨了包括企业综合税负、企业所得税和增值税不同税种对实体企业高质量发展的影响。已有研究大多都是基于单一税种探讨企业税负对企业行为的影响,本书首先利用综合税负率对企业实际的税收负担进行总体衡量,综合税负可以对企业承担的税负全貌进行描述。其次,本书分别将企业所得税和增值税纳入模型中,探讨直接税和间接税对企业行为影响的差异,为进一步推进结构性减税提供依据。

第四,将税负调节这一外部因素和资产收益率宽幅度这一内部因素共同纳入实体企业高质量发展的影响因素分析中,搭建了实体企业高质量发展内外部影响因素的完整研究框架。已有关于微观企业高质量发展影响因素的研究大都局限在某一单一因素,本书在分别研究了税负调节、资产收益率宽幅度对实体企业高质量发展的影响后,进一步探讨了三者之间的关系,为进一步优化税收政策,管控资产收益率宽幅度,推动实体企业高质量发展制定对策建议提供理论依据。

第 一 章
概念界定、现状分析与理论基础

　　界定相关概念、分析现状、梳理相关理论是开展研究的基础。首先,本章将对实体企业高质量发展的内涵、度量方式,资产收益率宽幅度概念的提出、定义、度量方式以及税负调节的内涵、度量方式进行详细阐述。其次,在此基础上对我国实体企业资产收益率宽幅度现状和税负现状进行描述。最后,本章对企业能力理论、资产收益率宽幅度的相关理论和税负调节的相关理论进行了梳理,为进一步开展研究做好基础工作。

第一节　实体企业高质量发展概念界定

　　高质量发展是当前国内学者研究的热点问题,大多数研究都基于宏观和中观层面,基于微观层面的企业高质量发展研究相对较少。然而,实现企业高质量发展是推动中观产业高质量发展和宏观经济高质量发展的基础。因而,对于实体企业高质量发展的研究具有重要意义。那么,应该如何界定实体企业高质量发展呢? 又应该选择何种方式衡量实体企业高质量发展呢？

一、实体企业高质量发展的内涵

实现高质量发展是开启全面建设社会主义现代化国家新征程、实现第二个百年奋斗目标的根本路径，富有竞争力的企业是高质量发展的微观基础。企业不仅仅是宏观经济发展的微观主体，也是中观产业发展的基本组织，经济高质量发展必须通过企业高质量发展予以实现。实体经济是现代化经济体系的坚实基础，是构筑未来发展战略优势的重要支撑。《中华人民共和国国民经济和社会发展第十四个五年规划和2035年远景目标纲要》提出，坚持把发展经济着力点放在实体经济上。实体企业高质量发展是经济高质量发展的基础，因此，探讨实体企业高质量发展的内涵具有重要意义。

广义的实体经济是指整个国民经济中除去金融、房地产以外的所有行业（黄群慧，2017），即包括制造业、交通运输仓储和邮政业、农业、住宿餐饮业、建筑业、其他所有工业、批发零售业以及除金融和房地产业以外的其他所有服务业。实体经济是维持人类生存和实现社会发展的基础，实现实体企业高质量发展是推动经济高质量发展的基石。结合李平等（2017）、金碚（2018）、黄速建等（2018）的研究，实体企业高质量发展可以认为是实体企业发展的新范式，是实体企业持续成长和追求高水平、高效率、高层次价值创造的一种新的发展状态，是实体企业实现高质量创新发展、高质量财务信息、高质量效益创造和高质量绿色共享的综合性目标状态。

二、实体企业高质量发展的度量

目前，测度企业高质量发展的方法主要包括单一指标法和多指标综合评价法，采用单一指标法衡量企业高质量发展虽然相对客观，但是由于仅选取了表征企业高质量发展的单一变量，不能够真实反映企业的发展程度，具有一定的局限性，而采用多指标综合评价法能够更为突出地反映不同企业特征，较为全面地表征企业高质量发展，因此本书选取多指标综合评价法对实体企业高质量发展进行衡量，并进一步选用单一指标替代综合指标进行稳健性检验。本书的第三章将基于实体企业高质量发展的内涵和特征，构建包括高质量创新发展、高质量财务信息、高质量效益创造和高质量绿色共享四个维度的实体企业高质量发展评价体系，并选择因子分析和层次分析组合赋权的方法最终得到实体企业高质量发展指数，具体计算方法见第三章。

第二节 资产收益率宽幅度概念界定与现状分析

资产收益率宽幅度概念是如何提出的？何为资产收益率宽幅度现象？资产收益率宽幅度又该如何度量？我国实体企业资产收益率宽幅度的现状如何？本节将对这一系列问题展开回答。

一、资产收益率宽幅度概念的提出

为稳住经济大盘，缓解经济下行压力，我国实施了一系列稳增长、调结构的政策举措，保持了经济稳中向好的基本态势。然而，逆周期的货币政策及扩张性的财政政策在刺激经济高速增长的同时，对宏观经济和微观企业产生了一定的不利影响。在此背景下，从会计收益的微观视角出发进行研究，资产收益率不仅是重要的财务指标，也是资本市场上重要的经济信息,是引导资本流动的核心动力,对资产采用不同的计价方式会对不同类型的资产收益率产生影响,依据 Nissim 等(2001)的财务分析框架,基于企业的资产负债表,按照不同的计价方式资产可以重新划分为金融资产和经营资产,对应地可将收益率划分为金融资产收益率和经营资产收益率。实施低利率和流动性充裕的货币政策在推动经济高速度增长的同时,致使货币贬值、资产价格上涨,由于金融资产价格上涨的部分计入当期公允价值变动损益,在利润表中列示为投资收益,公允价值计量的顺周期效应向市场报告了公允价值上涨带来的收益,传递了乐观的经济信息,资本的逐利性引导企业配置更多金融资产。企业配置金融资产既可获得比主营业务更高的收益,同时由于金融资产的公允价值计量属性,又使其避免历史成本计价所带来的损失,优化了资产负债表结构,从而增强了企业的融资能力。同时,以历史成本计价的经营资产,在货币贬值、物价上涨时高估收益、低估资产价值,从而增加了企业税负,此时税收征收在资本上而非征收在收益上,长此以往企业将陷入经营困境。基于以上分析,借鉴"股市宽幅震荡"衡量股市风险这一基本概念,将企业持有投资性房地产等金融资产通过上涨活动所带来的金融资产收益率与持有经营资产通过经营活动所带来的经营资产收益率之差逐渐拉大的经济现象定义为"资产收益率宽幅度"现象(赵立三等,2019)。

金融资产与经营资产之间的资产收益率宽幅度现象是经济发展过程中产生的负外部效应(赵立三等,2021),改变了实体企业的投融资行为和风险偏好。根据厂商理论,企业为了实现利润最大化的目标将会配置更多金融资产,从而挤出企业经营资产的配置,导致实体企业金融化程度加深,抑制了企业的创新行为,部分企业由风险厌恶者转变为风险偏好者,不惜举借债务投资房地产等金融资产,引致企业杠杆率不断攀升。随着企业经济重心逐渐向金融部门转移,偏离主营业务,丧失创新能力,企业逐渐缺乏自生性,只能依靠外部"输血"存活,长此以往将会演变为僵尸企业(赵立三等,2019)。实体企业金融化、僵尸化程度加深、创新能力不足、杠杆率不断攀升将会严重掣肘实体企业高质量发展,而资产收益率宽幅度不断拉大正是阻碍实体企业实现高质量发展的深层次原因。

二、资产收益率宽幅度概念定义及度量

根据 Nissim 等(2001)的财务分析框架,基于资产负债表企业资产可以按照不同的计价方式重新划分为两类资产。一类资产是采用公允价值计价的金融资产,是指实体经营资产以外的资产。借鉴宋军等(2015)、杜勇等(2019)的做法,本书将交易性金融资产、发放贷款及垫款、衍生性金融资产、持有至到期投资、可供出售金融资产以及投资性房地产均纳入金融资产的范畴。需要说明的是,由于经营活动也会产生货币,因此虽然货币资金属于金融资产但是本书未将货币资金包含在金融资产中,同时由于房地产投资具有虚拟化特征,因而将投资性房地产纳入金融资产范围。另一类资产是指企业销售商品或提供服务所涉及的资产(胡奕明等,2017),用资产总额扣除金融资产部分进行衡量。与资产划分相对应,将公司收益划分为金融收益和经营收益,参考宋军等(2015)基于利润表衡量企业投资金融资产获取收益的方法,金融资产收益用投资收益与公允价值变动收益之和表示。参考杜勇等(2017)计算企业经营收益的方法,采用营业利润剔除金融投资收益衡量企业的经营资产收益。

在微观企业中,由于包括投资性房地产在内的金融资产与经营资产采用不同的计价方式影响了这两种资产的获利方式和收益率高低。

在货币贬值、物价上涨的背景下,以公允价值计价的包括投资性房地产在内的金融资产价格上涨部分计入当期公允价值变动损益,使企业获取高额的会计利润,而以历史成本计价的经营资产不会随资产价格上涨而重新确认账面价值,不能确认资产价格上涨所带来的收益。公允价值计量的顺周期效应向市场传递了公允价值上涨带来收益的乐观信息,企业为实现利润最大化趋向于追逐金融资产投资,导致金融资产收益率持续走高,造成了对经营资产投资的"挤出",企业主营业务能力不断下降,致使经营资产收益率持续走低,形成了金融资产收益率与经营资产收益率之差持续拉大的资产收益率宽幅度现象,借鉴赵立三等(2021)的研究,具体计算公式如下:

$$RS = rf - ro \tag{1.1}$$

其中:

$$rf = \frac{RF}{FA} \tag{1.2}$$

$$ro = \frac{RO}{OA} = \frac{R - RF}{A - FA} \tag{1.3}$$

RS 代表包含投资性房地产在内的金融资产收益率与经营资产收益率之间的资产收益率宽幅度,rf 代表金融资产收益率,RF 代表金融性收益等于当期公允价值变动收益与投资收益之和,FA 代表金融资产等于交易性金融资产、发放贷款及垫款净额、衍生性金融资产、持有至到期投资净额、可供出售金融资产净额、投资性房地产净额六项资产之和;ro 代表经营资产收益率,RO 代表经营性收益等于当期营业利润(R)减去金融收益,OA 代表经营资产等于总资产(A)减去金融资产。

三、我国实体企业资产收益率宽幅度现状

2007 年,会计准则体系正式实施。2019 年,企业会计准则变更了

金融资产的会计处理,同时避免2020—2022年企业投资数据受新冠疫情影响而产生偏误,为保证指标的可比性和连续性,本书将样本期间限定在2008—2018年。参照2012年版行业分类标准剔除金融业和房地产业公司数据,利用沪深A股上市公司数据作为初始样本,剔除异常值后计算各实体企业资产收益率宽幅度。通过计算不同年份、不同行业、不同地区的资产收益率宽幅度对我国实体企业资产收益率宽幅度现状进行描述。

(一) 资产收益率宽幅度变动趋势

通过计算各年度我国实体企业资产收益率宽幅度平均值可以分析资产收益率宽幅度随年份变化的基本趋势。图1-1显示了2008—

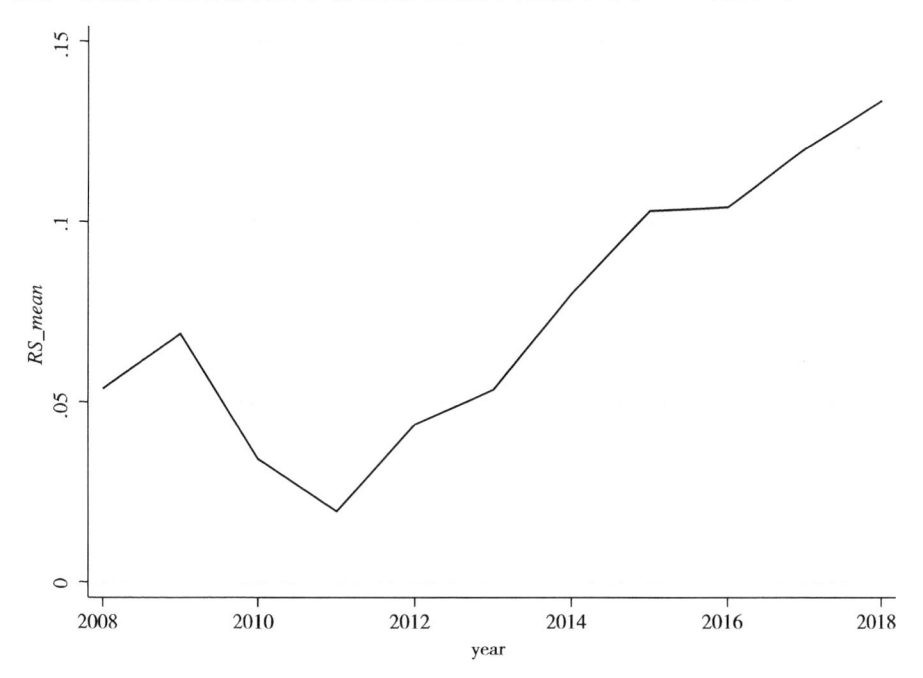

图1-1 2008—2018年资产收益率宽幅度变动趋势

数据来源:CSMAR数据库。

2018年我国资产收益率宽幅度的变动趋势。2008—2009年资产收益率宽幅度拉大,在2009—2011年我国资产收益率宽幅度出现短暂收窄,自2011年以来我国实体企业资产收益率宽幅度持续拉大。2008—2010年资产收益率宽幅度收窄主要是由于2008年美国次贷危机爆发后引起全球经济衰退。为促进经济平稳发展,中国人民银行依据经济形势对货币政策进行了调整,实施适度扩张的货币政策,同时进一步推进税费改革,短期内缩窄了资产收益率宽幅度,拉动了经济增长。但是,大量资金抽离实体经济,导致资产收益率宽幅度不断拉大。通过分析资产收益率宽幅度变动趋势可以看出我国实体企业资产收益率宽幅度现象明显存在。

(二) 各行业资产收益率宽幅度分析

将样本实体企业按所属行业进行分类,分析各行业2008—2018年各年度资产收益率宽幅度均值可以发现不同行业资产收益率宽幅度差距明显,以2011年和2018年各行业资产收益率宽幅度均值为例进行说明。2011年,所有实体行业中资产收益率宽幅度均值最大的是电力、热力、燃气及水生产和供应业,其行业持有金融资产和经营资产获取收益率之差的均值达到9.48%,而资产收益率宽幅度均值最小的是农、林、牧、渔业,其值为-6.70%,说明农、林、牧、渔业经营资产收益率反超金融资产收益率。2018年,住宿和餐饮业资产收益率宽幅度均值最大高达38.86%,而资产收益率宽幅度均值最小的采矿业为-6.46%,两个行业资产收益率宽幅度均值相差45.32个百分点,可以看出不同行业间资产收益率宽幅度具有明显差距,同时从2011年到2018年不同行业资产收益率宽幅度均值变化也可以看出不同行业间资产收益率宽幅度差异不断拉大。

（三）各地区资产收益率宽幅度分析

表1-1显示了2008—2018年各地区资产收益率宽幅度变动趋势，将我国31个省份（直辖市）分为东部、中部、西部三大区域，通过计算各年度各地区实体企业资产收益率宽幅度均值可以发现，各地区变化趋势与全国变化趋势基本趋同，自2011年后资产收益率宽幅度普遍拉大，但是各地区资产收益率宽幅度均值存在较大差异。对同一年度进行对比分析可以看出，东部地区资产收益率宽幅度基本上高于中部和西部地区，同时东部地区资产收益率宽幅度增长幅度明显高于中部和西部地区。可能是因为我国东部地区较发达，地域资源丰富，企业更倾向于将资金投入收益率较高的金融资产，从而导致东部地区资产收益率宽幅度最大、增长幅度最高。

表1-1 各地区资产收益率宽幅度变动趋势

年份\地区	东部	中部	西部
2008	0.0610	0.0335	0.0383
2009	0.0606	0.0881	0.0736
2010	0.0329	0.0216	0.0486
2011	0.0249	-0.0057	0.0314
2012	0.0367	0.0571	0.0525
2013	0.0512	0.0487	0.0694
2014	0.0756	0.0776	0.1053
2015	0.0993	0.1103	0.1114
2016	0.1095	0.1093	0.0576
2017	0.1292	0.0897	0.0976
2018	0.1519	0.0971	0.0400

数据来源：CSMAR数据库。

第三节 税负调节概念界定与现状分析

厘清何为税负调节以及如何衡量企业税负为下面开展税负调节的相关研究奠定基础,分析当前我国税负现状是回答为何要进一步进行税负调节的依据。本节将对税负调节的内涵进行界定,并定义不同税负的衡量方式,最后探究我国实体企业的税负现状。

一、税负调节的内涵及度量

税收是国家凭借政治权力,为满足社会公共需要,按照相关法律规定,强制性、无偿性参与社会剩余产品分配从而取得财政收入的一种形式。税收的基本职能是获取财政收入,但在此过程中对经济活动产生了一定影响,政府有目的地运用税收调节经济运行使税负的调节职能奏效。因而税负调节是指政府利用税收杠杆对社会经济运行进行调整和引导,可通过多征、少征或免征税收,多方面作用于微观经济活动,从而使微观经济活动符合宏观经济运行目标。

税负调节可以通过设置不同税种、调整税目和税率、选择不同征管模式、制定税收优惠政策等方式对经济活动产生影响。税负调节一方面对宏观经济运行产生影响,另一方面对微观经济主体发挥作用。微观调节是宏观调节的基础(闫坤等,2014),因而本书旨在从微观调节角度研究税负调节的作用效果。从税收的微观调节角度出发,税负调节最为直接的作用对象就是纳税主体,纳税主体受税收影响调节其经济行为。我们可以通过税收的收入效应和替代效应来解析税负的微观调节:从收入效应看,税收实现了将纳税主体的收入、资源、财产等转移给政府,这一过程直接减少了纳税主体的可支配收入,同时间接影响了纳税主体在投资、生产、消费、劳动、储蓄等方面的投入;从替代效应看,税收由于会对相对价格或相对收益产生影响,纳税主体会通过相对价格低或者相对收益高的选择来替代原有的选择。

税负调节对于企业这一纳税主体所发挥的作用直接反映在企业承担的税负程度上。企业所承担的税负是企业在一定时期内因国家课税而减少的企业资源,包括流经企业的税款(例如增值税)和最终由企业直接承担的税款(例如企业所得税)。企业税负包含直接税负和间接税负两大组成部分,直接税负包括企业所得税、土地增值税、房产税等,间接税负包括增值税、消费税、关税等,其中企业所承担的主要税负是增值税和企业所得税这两大类,本书将选择企业综合税负率、企业所得税税负率、增值税税负率作为衡量税负调节的代理变量,分别从综合税负、直接税负、间接税负三个维度对税负调节进行全面而系统的研究,为我国税收政策优化提供具体建议。

(一) 综合税负指标

综合税负可以对企业所承担税负的全貌进行描述,度量企业实际的税收负担。税负指缴纳各项税费占计税来源的比重,依据我国现行会计准则,借鉴刘骏等(2014)、白云霞等(2019)基于企业现金流量表对企业综合税负的研究,"支付的各项税费"与"收到的税费返还"分别包含了企业应缴纳的各种税费和全部的税费返还,二者之差涵盖了企业当期全部的税费支出。同时对于一般企业来说,营业收入是企业缴纳税费的主要经济来源,因而本书选择如下公式计量企业综合税负率($Tb1$):

$$Tb1 = \frac{支付的各项税费 - 收到的税费返还}{营业收入} \quad (1.4)$$

（二）企业所得税税负率

企业所得税是对企业经营成果产生影响的重要因素,直接作用于企业利润。据统计,2008年统一内外资企业所得税后,企业所得税收入占税收总收入比重稳定在20%左右,是造成企业"税痛"的主要税种。借鉴现有文献(Porcano,1986;吴联生,2009;刘行等,2014)衡量企业所得税税负率的方法,本书选择如下公式衡量企业所得税税负率（$Tb2$）：

$$Tb2 = \frac{\text{所得税费用}}{\text{息税前利润}} \quad (1.5)$$

（三）增值税税负率

流转税是我国税收收入的主要部分,世界银行调查表明我国流转税税负明显高于企业所得税税负。增值税是流转税的主要税种之一,同时增值税税负是影响企业经营活动的重要因素,但由于上市公司年报缺少对企业实际缴纳增值税数据的统计,以往大多数研究仅考察企业所得税税负对企业行为的影响,忽视了增值税税负的影响。本书借鉴范子英等(2017)、马金华等(2021)的研究,以教育费附加倒推增值税,利用增值税占营业收入比重衡量企业增值税税负率（$Tb3$）,公式如下：

$$Tb3 = \frac{\frac{\text{教育费附加}}{0.03} - \text{消费税}}{\text{营业收入}} \quad (1.6)$$

二、我国实体企业税负现状

（一）我国实体企业税负的样本选取

本章选取2008—2018年沪深A股上市公司作为初选样本,按照

2012年版行业分类标准剔除金融业和房地产业公司数据,对我国实体企业税负现状进行描述,教育费附加、消费税、企业性质数据取自WIND数据库,其他数据取自CSMAR数据库。为保证样本选取科学有效,对样本进一步进行筛选:剔除ST企业样本;借鉴吴联生(2009)的研究,剔除息税前利润为负的公司,这部分样本的实际税率不能反映实际税负与经营业绩之间的关系;剔除数据中的异常值。最终获得14357个样本,样本中各年度企业数量如表1-2所示。

从表1-2中的数据可以观察到,自2008年到2015年,选取的样本中我国上市公司数量逐年递增,从2008年的761个样本企业逐步扩增到2015年的1862个样本公司,但到2016年出现一定程度回落,这一变化趋势与我国经济发展走势基本吻合。

表1-2 2008—2018年我国实体企业样本数量

年份	2008	2009	2010	2011	2012	2013	2014	2015	2016	2017	2018
数量(个)	761	924	1205	1333	1597	1595	1789	1862	1059	1034	1198

数据来源:WIND和CSMAR数据库。

(二) 我国实体企业税负年平均水平状况

企业税负的平均水平集中体现了企业承担税负的总体情况,反映了一定时期内不同类型税负状况的可参考水平(刘畅,2019)。分别计算出各年度综合税负率、增值税税负率、企业所得税税负率的平均值,以期看到各税负率均值年度变化情况。表1-3显示了各年度不同税负均值的具体情况,图1-2是三种税负的折线图,总体来说三种税负均值水平的发展趋势较为平稳。

表 1-3 2008—2018 年我国实体企业税负平均水平

税负率指标\年份	2008	2009	2010	2011	2012	2013	2014	2015	2016	2017	2018
$Tb1$	0.0727	0.0712	0.0666	0.0687	0.0718	0.0693	0.0687	0.0723	0.0639	0.0568	0.0566
$Tb2$	0.1362	0.1491	0.1463	0.1547	0.1595	0.1613	0.1556	0.1574	0.1579	0.1481	0.1483
$Tb3$	0.0186	0.0139	0.0133	0.0135	0.0134	0.0125	0.0124	0.0138	0.0120	0.0111	0.0093

数据来源：WIND 和 CSMAR 数据库。

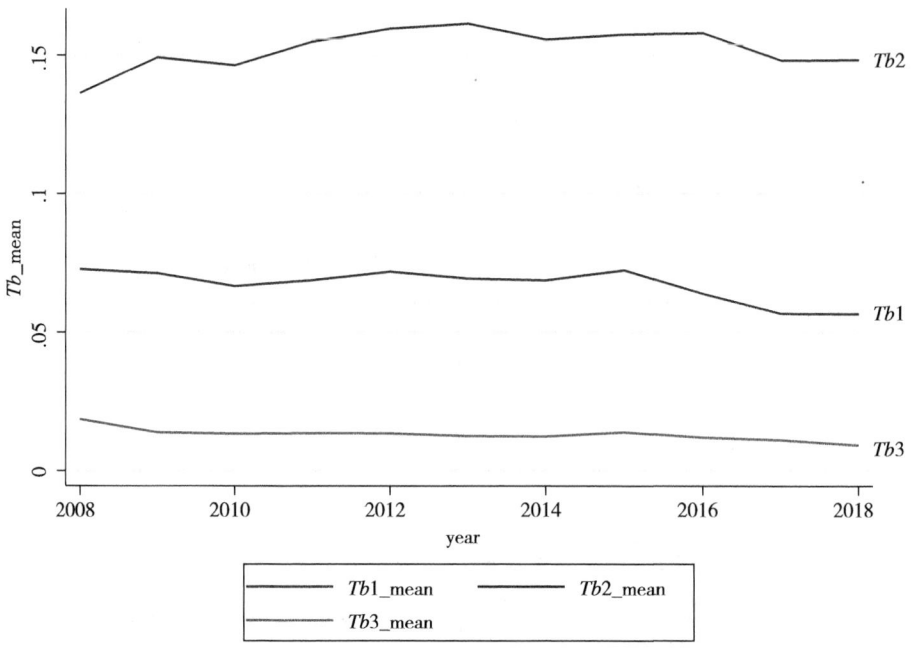

图 1-2 2008—2018 年实体企业平均税负折线图

数据来源：WIND 和 CSMAR 数据库。

具体而言，在综合税负水平方面，2008—2015 年综合税负水平不断波动，于 2015 年后呈现稳定下降趋势，从最初 2008 年 7.27%的水平下降到 2018 年 5.66%的水平。从企业所得税水平看，2008—2018 年企业所得税水平反复波动，在 2013 年达到最高值 16.13%。从增值税水平看,2008—2018年增值税税负水平基本呈下降趋势,从2008年的1.86%下降到2018年的0.93%。

(三) 我国实体企业税负核密度分布状况

为了深入剖析企业税收负担的分布状况,需要对企业税负核密度分布状况进行分析。图1-3中(a)、(b)、(c)三图分别显示了2008—2018年样本企业综合税负率、企业所得税税负率、增值税税负率的核密度图。从分布区间可以看出,企业综合税负率在0%—25%的区间平滑分布,在大于25%的部分呈现了长拖尾,因而企业综合税负率大于25%的企业样本量较少,波峰出现在5%—8%之间,说明处于这一区间的企业样本量最多;企业所得税率集中分布在0%—30%区间,波峰主要集中在15%—18%之间,同时历年的波形呈现上升态势,但非常相近;企业增值税税负率则集中分布在0%—5%区间,之后便表现为长长的拖尾。

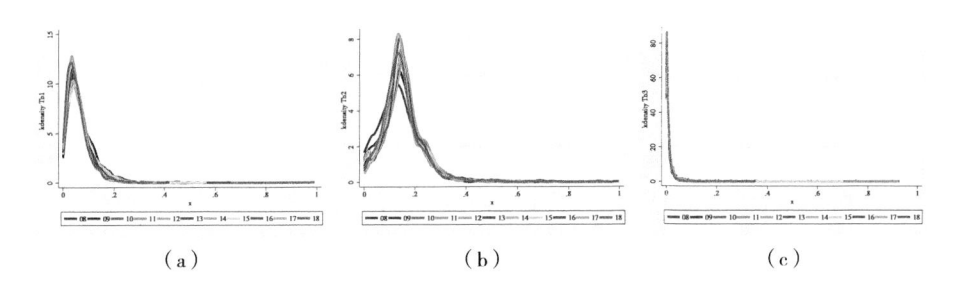

(a)　　　　　　　　(b)　　　　　　　　(c)

图1-3　2008—2018年实体企业税负核密度图

数据来源:WIND和CSMAR数据库。

第四节　理论基础

理论是指导实践的基础,在构建实体企业高质量发展指标体系,探究资产收益率宽幅度这一内部因素和税负调节这一外部因素如何影响实体企业高质量发展前,需要厘清相关的理论基础。首先,本节阐述了企业能力理论,这是构建企业高质量发展指标体系的理论依据;其次,本节梳理了资产收益率宽幅度现象产生的理论来源及资产收益率宽幅度影响企业行为的理论基础;最后,厘清了我国进行税负调节的相关理论,为后续理论分析及实证研究的展开进行铺垫。

一、企业能力理论

亚当·斯密的分工理论、阿尔弗雷德·马歇尔的企业内部成长论和伊迪丝·彭罗斯的企业成长论是企业能力理论的思想萌芽。斯密的分工理论为把企业理解为能力分工体系提供了基础,马歇尔和彭罗斯倡导的"企业内在成长论"构成了企业能力理论的基础。20世纪80年代以来,研究者从两种角度对企业竞争优势进行探讨,一部分是以波特为代表的研究者支持企业竞争优势外生论,另一部分是以研究企业能力理论为代表的研究者支持企业竞争优势内生论。波特的产业分析理论将传统产业组织理论和企业战略问题相结合进行研究,将企业的竞争力集中于市场和产品。波特提出"五力分析模型",指出产业吸引力由新的竞争对手进入、替代品威胁、卖方议价能力、买方议价能力和现存竞争者之间的竞争这五种力量共同决定,企业在产业中的地位决定了企业的竞争优势。产业分析理论仅强调外部环境这一外在来源,忽视了企业内部优势的内在来源,在此背景下,着眼于企业内部优势的企业能力理论应运而生。企业能力理论至今尚未形成统一的理论范式,主要分为四大流派:资源基础理论、核心能力理论、知识基础理论和动态能力理论。这些理论共同揭示了企业内部条件相较于企业外部条件更有利于企业占据市场竞争优势,企业内部的能力、知识和资源的积累才是企业获取超额收益的关键。

其中,资源基础理论是企业资源学派基于彭罗斯的企业内在成长论提出的,研究认为企业资源的差异性使资源无法在企业间完全流动从而造成企业资源稀缺,而企业资源的稀缺是企业能够获取利润并取得竞争优势的关键(Wernerfelt,1984)。企业资源基础理论从企业资源稀缺性这一角度探讨了企业优势的来源,将研究企业优势的视角从企业外部转向企业内部。核心能力理论由 Prahalad 等(1990)在"The Core Competence of the Corporation"一文中首次提出,研究认为企业内部拥有的核心能力是企业能够保持长期竞争优势的关键,而企业核心能力来源于企业知识的不断积累和培养,拓宽了企业提升自我竞争优势的视野。知识基础理论的研究表明决定企业竞争优势的关键是企业所掌握的知识。企业是知识的集合体,尤其是他人很难模仿的隐性知识是企业核心能力的基础。不断更新知识才能够使企业保持竞争优势,企业在制定竞争战略时,不仅要从当前知识效用的角度出发,还要从获取未来知识的角度出发。无论是资源基础论还是核心能力论最终都可将企业竞争优势归因于知识基础论(Allee,1997;Zott,2003)。随着环境不断变化,企业在某一时点所拥有的核心能力不能够长期维持,因此 Teece 等(1997)提出了"动态能力理论","动态"是指企业需不断更新自身来适应市场环境的变化,"能力"强调战略管理在企业适应市场变化、更新自身能力过程中的关键作用,动态能力是指企业应具有保持和改变其作为竞争优势基础的能力。

企业能力理论四大流派的形成是基于研究者对投入要素理解角度的不同,资源基础理论和核心能力理论基于企业内部变量对企业竞争优势进行静态分析,资源基础理论强调企业资源的稀缺性,核心能力理论则注重要素间的配合和运用,知识基础理论从知识的角度分析了企业竞争优势的产生,动态能力理论将静态分析转变为动态分析。

二、资产收益率宽幅度的相关理论

(一) 资产收益率宽幅度现象产生的相关理论

厘清资产收益率宽幅度现象产生的相关理论为进一步深入探究资产收益率宽幅度奠定坚实基础,梳理经济增长过程中的经典理论发现,凯恩斯主义理论、托宾Q理论和莫迪利安尼生命周期理论为资产收益率宽幅度现象的出现提供了理论依据。

1. 凯恩斯主义理论

凯恩斯主义在2008年国际金融危机爆发后再次成为各国制定宏观政策的依据,主要发达国家甚至把凯恩斯主义视为走出经济危机、挽救国家经济的手段,不断实施积极扩张的货币政策和财政政策。凯恩斯主义主张在经济低迷时,采取扩张性的货币政策和财政政策,增加就业、刺激经济增长以维持经济繁荣;当经济过度繁荣时,政府则降低货币供应量、提高利率,采取紧缩的货币政策抑制经济过度膨胀。凯恩斯主义对世界经济发展产生了深远影响。部分学者认为如果需要保持总需求的可持续增长,政府为增加就业、维持经济增长制定的扩张性经济政策可以提高生产率、带动技术创新,然而部分学者却认为凯恩斯主义可以用来应对短期的经济困难,但是不能解决长期的经济问题(伍戈等,2016)。

随着1936年《就业、利息和货币通论》(以下简称《通论》)一书的问世,凯恩斯主义经济学诞生,由此拉开了宏观经济学研究的序幕。凯恩斯主义突破了传统经济学理论,明确了经济危机的存在性,认为经济危机产生的根源是有效需求不足,同时凯恩斯主义认为经济危机不能够通过市场机制进行自动调节和恢复,而是主张政府干预(裴广一,

2021）。梳理总结凯恩斯主义理论,其中对经济增长产生深远影响的理论主要包括:

第一,凯恩斯货币需求理论。凯恩斯货币需求理论是凯恩斯主义的重要组成部分,在经济发展史中具有重要地位。这一理论的提出基于流动性偏好理论,凯恩斯在《通论》中详细分析了持有货币的动机,包括交易动机、谨慎动机和投机动机(Keynes,1936),与之对应持有货币的需求可以分为交易需求、谨慎需求和投机需求。凯恩斯认为规模变量决定持有货币的交易动机,鲍莫尔和托宾在此基础上进行推算并得出收入分布越平衡,货币总需求越大这一结论(Baumol,1952;Tobin,1956)。谨慎动机取决于未来的不确定性,是为了预防未来有不虞的支出或者未能预见的支出而持有货币。投机动机则是凯恩斯最为注重的一个动机,是凯恩斯货币理论区别于其他货币理论的主要特征。货币是最灵活的流动性资产,持有货币可以根据市场变化随时进行金融投机,投机动机的货币需求与利率呈负相关关系。

第二,凯恩斯利率决定理论。古典利率理论强调利率由储蓄与投资的均衡点决定,却忽视了货币因素的影响。凯恩斯在《通论》中彻底否定了古典利率理论的这一观点,并提出了货币利率理论。凯恩斯认为利息是一种货币现象,利率应由货币供求决定,货币供给由国家货币当局控制,货币需求由人们对货币流动性偏好决定,因而决定利率的两大因素是货币数量和流动性偏好。根据流动性偏好利率理论,货币具有完全流动性和最低风险性,因而人们愿意选择货币这一财富持有形式,但由于货币供应量有限,人们为了取得货币需要付出相应代价,利息是在一定时期内放弃货币、牺牲流动性得到的报酬,利率就是人们不愿将货币贷放出去的程度,即人们对流动性的偏好。当流动性偏好强时,人们愿意持有货币的数量将大于货币供应量,利率上升,反之则利率下降。

第三,凯恩斯经济周期理论。凯恩斯在《通论》中提出经济发展必然会经历先向上,继而向下,再重新向上的周期性运动,具有明显的规律性,这就是凯恩斯经济周期理论。凯恩斯将经济周期分为繁荣、恐慌、萧条、复苏四个阶段。其中,繁荣和恐慌是最重要的两个阶段。同时,凯恩斯认为利润对经济运行影响是经济周期性产生的原因,凯恩斯将投资品价格与投资预期利润贴现的关系称为资本边际效率,预期利润贴现值大于重置成本时资本边际效率上升。当经济处于繁荣后期,市场传递的乐观信号使得资本家对未来收益作出乐观预判,而此时劳动力和资源逐渐稀缺,价格上涨导致生产成本抬升,同时随着生产成本抬升,资本边际效率降低,极大挤占利润空间,但由于资本家的过度乐观预判,仍进行大量投资,资本边际效率崩溃,随之而来的是资本家失去信心,人们的灵活偏好增长导致利率上升,投资大幅下降,经济危机来临。经济危机后进入经济萧条阶段,资本家信心不足作出消极预判,资本边际效率很难得到恢复,此时经济处于不景气的状态,就业不足、生产萎缩、投资不振。随着资本边际效率向好,利率降低、投资增加,经济得到复苏,又逐渐步入繁荣阶段。周而复始,经济发展不断经历这四个阶段。

第四,凯恩斯逆周期相机抉择的货币政策。凯恩斯基于魏克赛尔等关于货币影响产出的研究成果诠释了货币与经济的关系。凯恩斯认为,经济不能维持永恒的稳定,不能够自动趋于均衡,相机抉择的货币政策和财政政策可以在充分就业的基础上维持经济稳定,因而必须采取逆周期的货币政策或财政政策。当经济衰退时,政府应实施扩张性的货币政策,扩大社会需求;当经济过热时,则实施紧缩的货币政策。

以凯恩斯主义为指导思想的宏观调控政策虽然在短时间内可以起

到稳定经济发展的作用,但是长期来看,逆周期相机抉择的宏观调控造成了产能过剩、房地产泡沫、企业效益降低等一系列负效应。

2. 货币政策影响资产价格的相关理论

货币政策不仅是国家进行宏观调控的工具,更是影响资产价格的重要因素。实施宽松的货币政策将显著推动股票价格和房地产价格上涨(Negro 等,2007;D'Amico 等,2011;贾俊雪等,2014),托宾 Q 理论和莫迪利安尼生命周期理论分别是货币政策影响股票价格和房地产价格的基本原理。

1969 年,经济学家托宾提出了一个著名系数——托宾 Q 系数,该系数等于资本的市场价值和资本的重置成本之比。当 Q<1 时,企业的重置成本大于其市场价值,企业更倾向于通过收购其他企业实现扩张,此时投资下降,企业产出降低;当 Q>1 时,企业的市场价值大于其重置成本,企业将通过增发股票募集资金,企业增加投资的同时也增加了产出。依据托宾 Q 理论解读货币政策影响股票资产价格的传导作用,揭示了货币经过资本市场影响投资的过程。当实施扩张的货币政策时,一方面,扩张的货币政策导致货币供给量增加,投资者易获得贷款从而增加对外投资,股票需求量增加,股价上升;另一方面,扩张的货币政策导致利率下降,企业考虑到未来收入折现会提升估值,从而提高股票价格,同时利率较低时,企业融资成本降低,企业将通过扩大投资增加盈利能力,从而提升股价。

美国经济学家莫迪利安尼发展了凯恩斯消费函数理论并在此基础上提出储蓄的生命周期理论,于 1985 年获得诺贝尔经济学奖。莫迪利安尼指出,消费者消费产品是为了得到一定的效用。为了使一生的消费总效用达到最大化,消费者总想将一生的收入在消费上进行最佳分配,消费者收入决定其消费支出。因而当实施扩张性货币政策时,由于股票价格上涨,居民财富增加,消费需求上升,增强了居民购买房地产的意愿,从而推动房地产价格上涨。

(二) 资产收益率宽幅度影响企业行为的相关理论

如果依据凯恩斯主义实行宽松的货币政策,在带来经济增长的同时依据托宾 Q 理论和莫迪利安尼生命周期理论,扩张的货币政策将导致股价抬升、房地产价格上涨。从微观企业层面研究发现,此时以公允价值计价的包括投资性房地产在内的金融资产收益率持续升高,而以历史成本计价的经营资产收益率持续走低,资产收益率宽幅度现象由此产生。进一步分析资产收益率宽幅度影响企业行为的理论依据,为基于会计收益微观视角研究企业行为提供了相关支持。马克思一般均衡理论和行为金融学理论是资产收益率宽幅度影响企业行为的理论基础。

1. 马克思一般均衡理论

19 世纪中叶,均衡成为经济理论探讨的焦点。均衡是指经济主体行为相互一致,如果买者的购买行为与卖者的销售行为相互一致,那么市场就达到一般均衡。一般均衡理论由瑞士洛桑学派创始人瓦尔拉斯于 19 世纪末首倡,该理论的核心是在完全竞争假设下,运用数理方法通过交换、生产以及资本的流通和形成四个方面计算确定市场相对价格。但是瓦尔拉斯一般均衡的理论基础和方法论存在一定错误,其研究排除了经济制度因素,只关注技术关系的分析,同时具有一定的历史和阶级局限性,对于现实经济中所存在的各种总量关系无法进行解释(吴遵杰等,2016)。早在瓦尔拉斯之前,马克思就深入分析了一般均衡的相关问题和理论,提出了较为系统的一般均衡理论,基于资本流动和统一利润率的马克思一般均衡理论弥补了瓦尔拉斯一般均衡理论存在的两大缺陷：一是瓦尔拉斯一般均衡只是短期均衡而非长期均衡；二是瓦尔拉斯一般均衡不具有唯一性，缺乏价值基础（严金强，2015）。

马克思一般均衡理论包括两个基本原理——"等量劳动创造等量价值"和"等量资本获得等量利润"。"等量劳动创造等量价值"是基于劳动价值理论提出的，指在一般均衡形成过程中，商品间相对价值量无论如何变化，由活劳动所创造的绝对价值总量保持不变；而"等量资本获得等量利润"是以资本竞争关系为前提提出的，指在竞争市场中，资本投入任何部门所获得的利润量与投入该部门的劳动量没有直接关系，而是与资本量成一定比例，这是资本之间充分竞争的结果。

马克思认为资本对利润率追逐的过程就是一般均衡实现的过程，他在《资本论》第三卷中以大量篇幅论述了这一内容，他认为竞争和资本转移最终导致利润率平均化。本来不同部门中占统治地位的利润率极不相同，但不同的利润率通过竞争进而平均化最终达到一般利润率。进一步分析一般均衡实现的过程，不同部门的利润率出现差异时，由于投资者追逐尽可能多的利润，因而资本将跨部门转移，引起利润率的变化，资本从利润率低的部门抽走，流向利润率高的部门，导致利润率低的部门供给减少。当需求一定时，将导致价格和利润率上升；利润率高的部门资本和供给增加，需求不发生变化时，导致价格和利润率下降。因而，资本不断在利润率高的部门和利润率低的部门流入、流出，最终不同生产部门达到相同的平均利润，实现了一般均衡。

马克思一般均衡理论是马克思从微观角度观察经济整体运行的集中体现，是回答中国为什么进行市场化经济体制改革，政府为什么需要适度干预经济生活等问题的重要依据，对指导我国经济发展和改革具有十分重要的现实意义（刘小怡，2011）。不同类型资产间资产收益率宽幅度拉大的现象违背了马克思一般均衡理论，导致实体企业金融化程度加深、实体经济"脱实向虚"、经济结构失衡,因而应通过政府适度干预缩窄资产收益率宽幅度,引导资本正确流向,促进经济实现高质量发展。

2. 行为金融学理论

伴随着金融市场的不断发展,传统有效市场假设理论受到质疑,经济学家尝试从不同角度进行研究,行为金融理论在众多研究中对经典有效市场理论发起挑战,基于投资主体非理性假设基础上形成一套新的金融研究理论(郭一君,2021)。回顾行为金融理论发展的历史,真正研究行为金融的第一代核心人物是斯坦福大学的 Tversky 教授和普林斯顿大学的 Kahneman 教授,他们于 1979 年共同提出期望理论。期望理论认为当投资账面价值损失时投资者更加厌恶风险;当投资账面价值盈利时,随着收益的增加,投资者的满足程度增速减缓。这一理论解释了金融市场中的诸多异常现象,是行为金融理论的代表学说(Kahneman 等,1981)。研究行为金融的第二代核心人物是芝加哥大学的 Thaler 教授和耶鲁大学的 Shiller 教授。Thaler 主要研究投资者心理账户及股票回报率的时间模式,Shiller 主要研究股票市场的羊群行为、股票价格的异常波动等内容。学术界对于行为金融理论的定义至今还未形成一致观点,但不少学者提出了自己的看法,Thaler 认为考虑到经济系统中人是非理性的,这就是研究行为金融的开端。Hsee 认为行为金融是将心理学、科学、认知科学等研究领域的成果运用到金融市场中所产生的学科,其主要研究方法是基于心理学研究成果,通过运用投资者决策的心理特征研究投资者在实际投资过程中的行为。行为金融理论的研究内容可以概括为三个层次,第一层次是个体有限理性、群体行为和非完全市场;第二层次是金融市场中的异常现象;第三层次是投资者盈利策略。对比行为金融理论和经典金融理论的研究内容可以发现,行为金融理论的研究思路是通过发现实际市场中不同于传统有效市场假说的异常现象,利用人的有限理性假设、群体行为或非完全市场特征来解释异常现象产生的原因。

行为金融学放宽了有效市场假说,将投资者、管理者的心理和行为因素纳入金融研究框架,为市场行为异化提供了有力解释,也为资产收益率宽幅度影响企业行为提供了理论支持。我国资本市场发展程度仍不够高,容易受到投资者非理性心理的影响。当持有金融资产获取高收益率而持有经营资产获取低收益率,二者之间收益率差距不断拉大的资产收益率宽幅度现象出现时,投资者的非理性心理驱使其投资收益率更高的金融资产。企业为迎合投资者情绪,调整投资决策,追逐短期、热点题材(花贵如等,2015),将投资偏好从实业转为配置投资者更加关注的金融资产(杨松令等,2021),从而诱使羊群效应产生。羊群效应是社会心理学在金融市场上最重要的表现,是指投资者追随大众决策,放弃自身判断的现象(陆蓉,2019)。羊群效应的产生虽然可以推高短期股价,为公司带来短期利益,但从长远来说,过度投资金融资产,将导致企业对主营业务生产和投资不足,阻碍企业健康发展。

三、税负调节的相关理论

我国政府充分考虑现阶段国内企业经营成本过高、国际税收竞争环境变化等内外因素,作出实施减税降费的重大决策部署。减税降费政策的实施是当前进行税负调节的主要措施,是我国政府立足当前、放眼长远推出的重大举措。以萨伊为代表的供给学派和以凯恩斯为代表的需求学派都肯定了降低税负的积极作用。减税降费的实质是对政府与市场之间资源配置格局与配置方式进行重新塑造(张斌,2019)。供给与需求是理解减税降费的基本理论维度,中国当前实施减税降费的主要依据是供给侧结构性改革。

(一) 凯恩斯主义税收理论

凯恩斯主义认为有效需求不足是经济危机产生的根源,由于市场具有不完整性,市场机制调节无法使经济重新恢复到均衡状态。凯恩斯主义承认政府干预的必要性,提出在经济衰退时,应充分利用财政政策刺激经济,政府应出台相应减税降费政策,扩大公共支出对经济进行干预。降低税负能够刺激社会总需求,调节社会收入分配,是相机抉择财政政策的重要组成部分。相机抉择的财政政策包括汲水政策和补偿政策,是政府根据经济社会运行状况,为实现财政目标,通过选择不同类型的反经济周期政策工具进而对经济运行进行有效干预(Boushey 等,2019)。其中,汲水政策是政府在经济萧条时期为增加社会有效需求、恢复经济发展而实施的政策,主要包括减税降费、扩大公共支出等措施;补偿政策指政府根据经济运行状态有意识地进行反向调节,目的是稳定经济波动。从长期来看,相机抉择的财政政策能够熨平经济波动,对经济增长具有持续积极的作用。

凯恩斯主义减税的理论基础是需求管理理论和乘数理论。凯恩斯需求管理理论认为决定经济发展的主要因素是总需求,主张政府通过货币政策、财政政策干预经济,通过逆周期调节平滑经济波动,从而实现供给与需求均衡。凯恩斯乘数理论认为减少税收可以增加个体消费和投资,通过乘数使国民收入增加更多。政府实施积极的财政政策是减税的本质,降低税负通过影响消费和投资需求最终对总需求产生影响。一方面,实施减费政策能够降低商品价格和消费成本,增加消费者可支配收入,增加消费支出,扩大社会消费需求;另一方面,减税能够降低投资的机会成本,比如通过所得税优惠、投资税收抵免等方式刺激社会投资增加。消费和投资需求的增加促使社会总需求增加,推动社会总需求曲线右移,从而增加社会经济产出。

(二) 供给学派税收理论

西方国家在第二次世界大战后普遍依据凯恩斯主义制定政策并取得较大成效。然而,20世纪70年代,西方经济出现"滞胀",凯恩斯主义遭到质疑,引发了凯恩斯主义危机,供给学派就是在这样的背景下兴起的。相对于强调经济需求的凯恩斯主义,供给学派着重从供给面出发考察经济现状和寻求应对措施。

供给学派认为1929年至1933年世界经济危机产生的原因并不是有效需求不足,而是由于西方各国政府实施了一系列错误政策。供给学派认同萨伊定律,否认凯恩斯定律。供给学派认为刺激经济的主要手段是降低税负,供给可以自动创造需求,通过减税的刺激手段能够增加生产从而增加供给。减税不仅能够增加企业和个人的收入,从而扩大储蓄和投资,同时减税也不会影响政府的税收收入,因为税收总额的决定因素不仅包括税率,更主要的是课税基数的大小。高税率往往会因为抑制经济主体活动而缩小课税基数从而减少税收总额,而低税率反而会刺激经济主体活动扩大课税基数增加税收总额。供给学派的精髓——著名的"拉弗曲线"就对税率及税额之间的函数关系进行了说明,拉弗曲线描绘了国民经济发展水平或政府税收收入与税率之间的关系,存在着一个能使国民经济发展水平或税收收入达到最大值的税率,当税率低于限额时,政府税收随税率提高而增加;当实际税率高于限额时,就会进入拉弗禁区,抑制经济发展,增加税率反而会减少政府税收收入。拉弗曲线说明政府制定高税率和制定低税率的政策可以实现同样的税收,但是从长期来看,高税率会给经济带来损失,而低税率可以刺激经济发展。税收楔子理论阐明税率的提高可以增加政府税收收入和公共产品供给,但是过高的税率却会抑制生产要素的供给。对于劳动市场来说,税收楔子的存在不仅增加了厂商雇佣工人的成本还会降低工人的实际工资收入;对于资本市场来说,税收楔子的存在不仅增加了借入资本企业的融资成本,同时减少了资本借出者的税后收入。减税政策可以缩小税收楔子,增加劳动和资本的供给和需求,从而达到增加社会总供给的效果。

供给学派认为社会供给决定经济增长,而经济的长期增长需要政府实施一定的刺激手段,减税降费政策的实施是刺激的主要手段,其中税率变动则是最有效、最重要的因素。

(三) 供给侧结构性改革

中国当前实施税负调节的主要理论依据是供给侧结构性改革。2010年,我国经济发展水平自下中等收入阶段进入上中等收入阶段,面临着"中等收入陷阱"的历史性考验,约束经济发展的条件发生了系统性变化,传统的经济增长方式面临根本性挑战(刘伟,2016)。在此背景下,2015年,中央经济工作会议提出着力加强供给侧结构性改革的指导方针,2016年的中央财经领导小组会议进一步对供给侧结构性改革进行了全面阐述。

由于经济下行压力加大,中国提出供给侧结构性改革是十分必要的。经济下行问题主要在供给侧的结构性问题,我国试图依靠消费、投资、出口拉动经济增长十分困难,只有通过改革才能充分释放供给侧活力与动力(洪银兴,2016),深化供给侧结构性改革,推动经济高质量发展。

供给侧结构性改革提出后,随着我国经济步入高质量发展阶段,减税降费政策经历了从"结构性减税"到"定向减税和普遍性降费"再到"普惠性减税与结构性减税并举"的变化过程。供给侧结构性改革既是中国实施税收政策的制度背景,同时也是实施税收政策的理论依据。2015年供给侧结构性改革的提出标志着我国经济政策从需求侧管理转变为供给侧管理,减税降费政策由之前的"结构性减税"演变为供给侧结构性改革"降成本"的重要内容(张斌,2019)。推进供给侧结构性改革,关键在于从生产端解决供给总量和结构的问题。一方面,总量减税降费政策的实施可以降低企业的成本,化解产能过剩、高杠杆、高库存所带来的经济风险,促进企业进行投资。另一方面,系统而有针对性的税收政策可以促进企业创新、提高企业全要素生产率进而优化产业结构(杨灿明,2017)。

第五节 本章小结

首先,结合已有研究探讨了实体企业高质量发展的内涵,本书认为实体企业高质量发展是实体企业实现高质量创新发展、高质量财务信息、高质量效益创造和高质量绿色共享的综合性目标状态。同时,由于单一指标法具有一定的局限性,本书选择多指标综合评价法度量实体企业高质量发展水平。

其次,基于资产负债表,企业资产可以按照不同的计价方式重新划分为金融资产和经营资产,与此相对应可将收益率分为金融资产收益率和经营资产收益率。跟踪研究发现,在我国经济高速度发展的过程中,出现了投资、炒作房地产等金融资产获取高收益率,而持有经营资产获取低收益率,二者之间收益率差距逐渐拉大的资产收益率宽幅度现象。本章对资产收益率宽幅度概念的提出、界定、度量进行了详细梳理，并实证分析了2008—2018年我国实体企业不同年份、不同行业、不同地区的资产收益率宽幅度现状，发现资产收益率宽幅度现象在我国确实存在，并于2011年后持续拉大，在不同行业、不同地区间也存在较大差异。

再次，税负调节可以通过调整税目和税率、设置不同税种、选择不同征管模式、制定税收优惠政策等对经济运行产生影响，本章对税负调节的内涵进行界定，同时税负调节对于企业这一纳税主体所发挥的作用直接反映在企业承担的税负程度上，因而本书选择企业综合税负率、企业所得税税负率、增值税税负率作为衡量税负调节的代理变量，并对我国实体企业税负现状进行分析。

最后，本章对企业能力理论、资产收益率宽幅度的相关理论和我国进行税负调节的相关理论进行了梳理，为构建实体企业高质量发展评价指标体系、探究资产收益率宽幅度影响实体企业高质量发展、厘清税负调节直接影响实体企业高质量发展、税负调节通过影响资产收益率宽幅度间接影响实体企业高质量发展等相关内容奠定理论基础。

第 二 章

税负调节、资产收益率宽幅度与实体企业高质量发展的理论框架

实体企业高质量发展是中国经济高质量发展的内生动力,然而在我国经济高速发展的过程中,出现了实体企业投资持有包括投资性房地产在内的金融资产获取高收益率而投资持有经营资产获取低收益率,二者之间收益率差距持续拉大的资产收益率宽幅度现象,改变了企业的投融资行为和风险偏好,导致企业行为异化,抑制了实体企业高质量发展。税负调节是宏观调控重要的政策工具,具有引导税负公平和收益公平的作用。面对当前资产收益率宽幅度持续拉大,实体企业高质量发展程度不高的局面,应进一步发挥税收政策的作用。本章聚焦税负调节、资产收益率宽幅度和实体企业高质量发展之间的关系,构建实体企业高质量发展影响因素的理论分析框架,并提出相关研究假设,为进一步实证检验奠定基础。

第一节 税负调节、资产收益率宽幅度与实体企业高质量发展的研究设计

在明确研究内容、厘清研究逻辑、选择研究方法前应首先确定研究主线及逻辑框架。一方面,金融资产和经营资产之间收益率差距持续拉大的资产收益率宽幅度现象的出现改变了企业的投融资行为和风险偏好,导致实体企业行为异化,杠杆率不断攀升,金融化、僵尸化程度加深,创新动力不足,抑制了实体企业高质量发展。另一方面,税负调节是政府调控企业行为重要的政策工具,能够降低企业成本,增加企业的现金持有,缓解融资约束,降低企业寻租动机,不仅能够对实体企业高质量发展产生直接作用,还能够引导资金流向,通过管控资产收益率宽幅度从而对实体企业高质量发展产生间接影响。

本书以"如何推动实体企业高质量发展"为研究主线,针对"资产收益率宽幅度是否抑制实体企业高质量发展"、"税负调节能否影响实体企业高质量发展"和"税负调节、资产收益率宽幅度如何影响实体企业高质量发展"三大问题进行讨论和验证。厘清影响实体企业高质量发展的内外部因素,为进一步优化税收政策,管控资产收益率宽幅度,助推实体企业高质量发展制定对策建议提供理论依据和微观基础。后续研究的逻辑框架如图 2-1 所示。

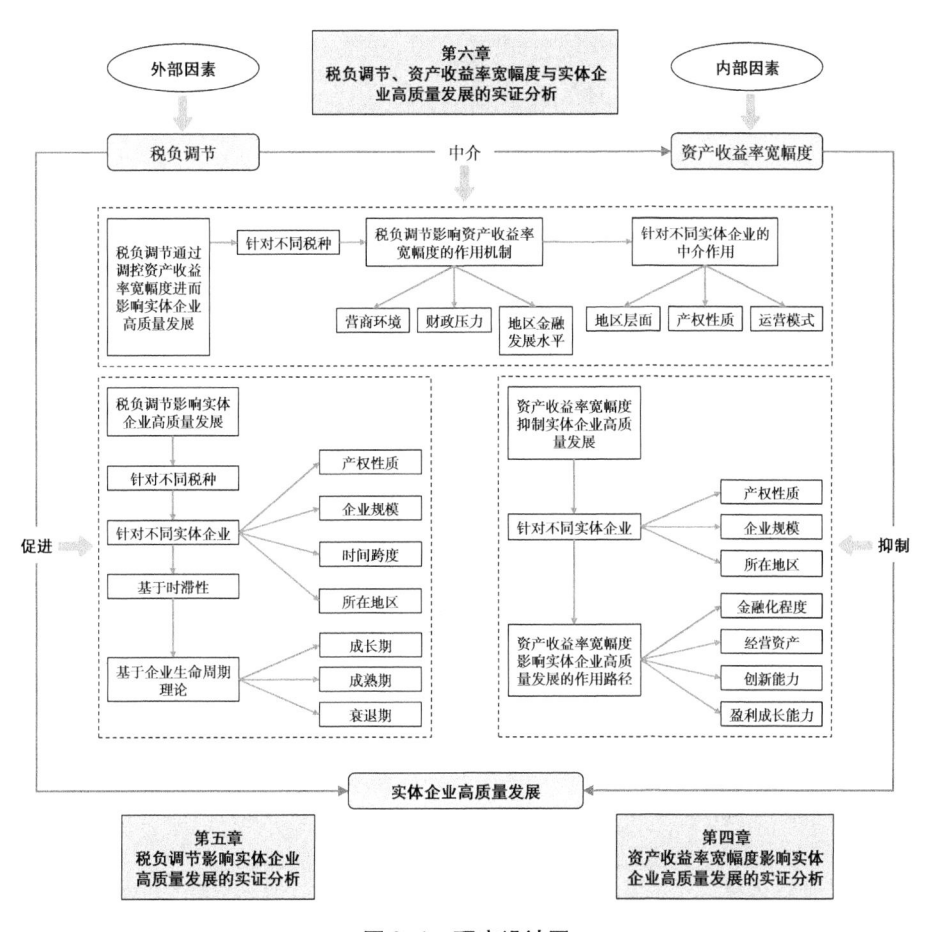

图 2-1 研究设计图

第二节 税负调节、资产收益率宽幅度与实体企业高质量发展的理论模型

本节将通过构建理论模型来验证资产收益率宽幅度与税负调节对实体企业高质量发展的影响。高质量发展是具有中国特色的概念,经济高质量发展是以实现经济增长为基础的发展。投资作为经济增长的

重要驱动力之一与经济发展之间具有紧密的关系,无论是古典经济增长理论还是新经济增长理论都认为资本积累是推动经济增长的重要因素。大量关于投资与经济增长之间关系的研究均表明经营资产投资与经济增长之间具有正相关关系,Long 等(1991)研究发现美国等国家的经营资产投资与经济增长之间具有显著正相关关系;浦小松等(2009)研究表明固定资产投资是经济增长的原因;宋丽智(2011)的研究也证实了固定资产投资是促进我国经济增长的因素之一。对于微观企业层面,根据 Nissim 等(2001)的财务分析框架将实体企业的资产重新分类为金融资产和经营资产,实体企业的投资选择问题将对企业高质量发展产生重要影响。当企业提高经营投资时可以促进企业的发展质量,因此假定企业高质量发展和经营资产投资保持线性相关关系。

基于 Demir(2009)、张成思等(2018、2020)的研究,假定代表性投资者(本书为实体企业)进行投资活动的效用函数为风险厌恶效用函数,表示为以下公式:

$$U(W) = -e^{-\alpha W} \tag{2.1}$$

其中,W 代表企业的财富,α 代表投资者风险厌恶程度,为一个正的常数,用以下公式表示:

$$\alpha = -\frac{U''(W)}{U'(W)} \tag{2.2}$$

假设一个企业拥有的总资产为 I,可用于投资金融资产和经营资产,其中金融资产投资为 I^f,经营资产投资为 I^k,则总资产 I 可表示为:

$$I = I^f + I^k \tag{2.3}$$

令金融资产投资收益率为 r^f,经营资产投资收益率为 r^k,假设两类资产投资收益率服从正态分布,且二者互不相关,即 $Corr(r^f, r^k) = 0$。则企业期末可拥有的财富为:

$$W = (1 + r^k) I^k + (1 + r^f) I^f \qquad (2.4)$$

将公式(2.4)带入公式(2.1)中可得:

$$U(W) = - e^{-\alpha(1+r^k)I^k + (1+r^f)I^f} \qquad (2.5)$$

其指数部分服从以下分布:

$$-\alpha(1 + r^k) I^k + (1 + r^f) I^f \sim N(-\alpha\{[1 + E(r^k)] I^k + [1 + E(r^f)] I^f\},$$
$$\alpha^2 Var(r^k)(I^k)^2 + \alpha^2 Var(r^f)(I^f)^2) \qquad (2.6)$$

由于指数正态分布函数的期望等于指数项正态分布部分的期望与其一半方差之和,由此可得:

$$\ln\{-E[U(W)]\} = -\alpha\{[1 + E(r^k)] I^k + [1 + E(r^f)] I^f\} + \frac{1}{2}\alpha^2[Var(r^k)(I^k)^2 + Var(r^f)(I^f)^2] \qquad (2.7)$$

企业预期财富效应函数的优化问题可以写成:

$$\max E[U(W)] \qquad (2.8)$$

其初始的约束条件为:

$$I = I^f + I^k \qquad (2.9)$$

以上资产组合选择模型还未考虑税负调节因素可能为企业带来的资金,因而,进一步将税收优惠政策为企业带来的资金 I_{tax} 引进模型,假设企业进行投资决策前初始可投资金额为 I_0,I_{tax} 为企业获得税收优惠所带来的额外资金,因而初始的约束条件可相应改变为:

$$I = I_{tax} + I_0 = I^f + I^k \qquad (2.10)$$

企业财富效应函数式(2.8)是关于财富 W 的单调递增函数,并且取期望后符号不变,因此效应函数的优化问题等价于:

$$\max\{[1 + E(r^k)] I^k + [1 + E(r^f)] I^f\} - \frac{1}{2}\alpha[Var(r^k)(I^k)^2 + Var(r^f)(I^f)^2] \qquad (2.11)$$

将公式(2.10)带入公式(2.11)消去 I^f，并通过一阶求导最终整理为经营资产投资 I^k 的最优值为：

$$I^{k*} = \frac{Var(r^f)}{Var(r^f) + Var(r^k)} \times I_0 + \frac{Var(r^f)}{Var(r^f) + Var(r^k)} \times$$

$$I_{tax} - \frac{E[r^f - r^k]}{\partial[Var(r^f) + Var(r^k)]} \qquad (2.12)$$

等式两边同时除以总资产 I，得到经营资产最佳投资比例：

$$\frac{I^{k*}}{I} = \frac{Var(r^f)}{Var(r^f) + Var(r^k)} \times \frac{I_0}{I} + \frac{Var(r^f)}{Var(r^f) + Var(r^k)} \times$$

$$\frac{I_{tax}}{I} - \frac{E[r^f - r^k]}{\partial I[Var(r^f) + Var(r^k)]} \qquad (2.13)$$

等式左边 $\frac{I^{k*}}{I}$ 表示经营资产最佳投资比例，对实体企业高质量发展程度将产生正向影响。等式右边 $\frac{Var(r^f)}{Var(r^f) + Var(r^k)}$ 为金融资产投资风险占总投资风险的比例，$E[r^f - r^k]$ 为金融资产收益率与经营资产收益率之差的期望。等式右边包含的三部分内容分别意味着：第一部分为金融资产投资风险占投资总风险比重，第二部分包含了金融资产投资占比和税收优惠为企业带来的额外资金，第三部分包括了投资风险和金融资产与经营资产之间的收益率之差即资产收益率宽幅度。假设投资的风险水平不变，那么影响经营资产最佳投资比例的因素包含税收优惠带来的额外资金和资产收益率宽幅度大小。

进一步可以推断，对于资产收益率宽幅度这一影响因素来说，当资产收益率宽幅度拉大时，经营资产占比将降低，实体企业高质量发展程度也将降低；反之，当资产收益率宽幅度缩窄，经营资产占比将升高，有利于促进实体企业高质量发展。对于税收优惠这一影响因素来说，当税收优惠力度加大,企业获取的额外资金增加,将促进企业投资经营资产,从而推动实体企业高质量发展;反之,税收优惠为实体企业带来的额外资金减少时,企业将减少经营资产投资,不利于实体企业实现高质量发展。由此可见,资产收益率宽幅度和税负调节是影响实体企业高质量发展宏观和微观两个不同层面的要素变量。

第三节 资产收益率宽幅度影响实体企业高质量发展的理论分析

长期跟踪研究发现,实体企业存在着投资持有金融资产和经营资产,虽然是等量资产但由于资产的形态不同而导致二者之间收益率差距持续拉大的资产收益率宽幅度现象。这一现象影响了企业的投融资行为,改变了企业配置资产的偏好,致使实体企业行为发生异化,是影响实体企业高质量发展的内部因素。那么,资产收益率宽幅度对实体企业高质量发展将会产生怎样的影响?资产收益率宽幅度对不同类型实体企业高质量发展的影响有何差异?资产收益率宽幅度究竟如何影响实体企业高质量发展?这是探究资产收益率宽幅度影响实体企业高质量发展亟待解决的问题,下面将针对这些问题进行理论探讨。

一、资产收益率宽幅度对实体企业高质量发展的影响

首先对第一个问题进行探讨,资产收益率宽幅度对实体企业高质量发展将会产生怎样的影响?本书认为实体企业持有金融资产获取的收益率持续走高而持有经营资产获取的收益率持续走低的资产收益率宽幅度现象改变了企业的投资行为和风险偏好,是企业行为异化的原

因,是影响实体企业高质量发展重要的内部因素。

一方面,企业会依据未来的期望成本及收益进行投资决策,收益是影响企业资本流动和进行资源配置的重要影响因素(Brown 等,2012;聂辉华等,2020)。持有金融资产和持有经营资产之间收益率差距持续拉大的资产收益率宽幅度现象向市场传递了金融资产收益率高的乐观信息,企业受市场信息的影响,偏好于投资具有高额回报的金融资产。同时依据委托代理理论,资产收益率宽幅度现象向市场传递的信息影响了对资产配置具有极大自由裁量权的管理者的投资决策,企业管理者为实现升职加薪追求业绩的短期增长,往往会配置流动性更强、短期投资回报率更高的金融资产。资产收益率宽幅度现象引导资本流向金融资产,随着企业投资金融资产比重的不断提高,出现了大量的交叉持股和机构投资者参股,对公司治理结构将会产生极大影响,进一步影响企业投资行为,企业的投资决策将牺牲生产性资本自主性原则,越来越服从资产流动性要求(谢家智等,2014),加剧了实体企业金融化程度。金融化程度不断加深加大了实体企业经营的不确定性,导致企业杠杆率攀升,增大企业金融风险(夏晓兰等,2020)。同时,资金逐渐偏离主营业务转向金融市场将侵蚀金融服务实体功能的发挥,加剧生产经营的风险,严重影响实体企业发展(Tori 等,2018)。

另一方面,基于资源基础理论,在资源一定的情况下,企业内部不同资源存在着替代、互补、抵减和增益的关系,因而经营资产和金融资产之间存在"替代效应",企业从自身发展经营情况出发在金融资产和经营资产之间进行选择和配置(Tobin,1965)。实体企业资产收益率宽幅度不断拉大的现象驱使企业忽视资本性投资的重要性,基于金融资产高收益率和趋利性作出过度投资金融资产的短视决策,对固定资产、技术创新投入、社会价值投资支出等产生"挤出效应"(Orhangazi,

2008；Seo 等，2012）。企业是设备、土地、资本等有形资源和技术人才、企业文化等无形资源的集合体，实体企业保持长期竞争优势需要大量资源投入主营业务和实业投资，开展科技创新，而资产收益率宽幅度不断拉大加剧企业将资源转移到金融领域，生产和技术资本将逐渐被替代，最终导致实体企业生产性投资不足，技术人才缺失，创新能力低下，全要素生产率降低，企业业绩下降，阻碍实体企业主营业务发展及核心竞争力形成（李维安等，2014；盛明泉等，2018；戚聿东等，2018）。企业投资金融资产而放弃经营资产长期来看是以牺牲长期发展为代价的（王国刚，2018；吴非等，2020），最终会阻碍实体企业实现高质量发展。基于以上分析提出本书的第一个研究假设：

H1：资产收益率宽幅度持续拉大将抑制实体企业高质量发展。

二、资产收益率宽幅度对不同实体企业高质量发展的影响

我国资本市场面临着"产权歧视""规模歧视"的问题，同时由于经济发展战略的影响，我国资本市场呈现了显著的地理特征，因此产权性质、企业规模以及企业所处地区会对企业治理水平、信贷能力、投资方式、战略发展目标等产生重要影响（宋清华等，2021）。因而针对不同类型的实体企业，资产收益率宽幅度对于企业发展质量的影响程度也不同，本书分别从产权性质、企业规模和所在地区三个方面探讨资产收益率宽幅度对实体企业高质量发展的异质性影响。

（一）产权性质异质性分析

国有企业面临的融资约束问题更弱，非国有企业面临的融资约束和金融约束较强。一方面，当资产收益率宽幅度持续拉大时，非国有企

业受融资约束困扰以及追求收益的影响,更易受市场传递的信息左右,将资金投入能够获取更高收益率的金融资产,这一行为短期内缓解了企业的融资约束,使企业获得了较高收益,但是长期来看,非国有企业投资金融资产的短视行为削弱了企业的创新能力,造成产业资本抽离经营活动,对企业竞争和持续发展造成不利影响(许志勇等,2020)。另一方面,由于国有企业具有一些先天优势,受资本市场信息的影响更小,同时国有企业在经营不善时可以受到政策倾斜保护,获得政府补贴,资产收益率宽幅度对其发展质量的影响并不明显。基于以上分析,提出本书的第二个研究假设:

H2:资产收益率宽幅度对不同产权性质的实体企业高质量发展影响存在差别。

(二) 企业规模异质性分析

规模歧视也是我国金融市场较为突出的问题,一方面,首先,大规模企业具有更强的市场竞争力,企业信用度更高,更易受到银行等金融机构的青睐,具有更强的融资贷款能力,拥有的富余资金更为充足,面临的风险相对较小;其次,大规模企业占据了更多的市场份额,拥有更多的资源,在市场收益方面更具优势,经营资产收益波动率更低;最后,大规模企业公司高管具有更强的管理能力,其内部治理水平更高,能够更加恰当地利用资金和劳动力,进行高效生产。因而,当资产收益率宽幅度拉大时,大规模企业管理层更具理性,不易受资本市场影响而作出非理性判断,同时大规模企业经营活动较为稳健,当部分资本流入金融领域时对生产性投资的挤出作用较小(Kim,2018)。另一方面,小规模企业由于自身的局限性,面临更严重的融资约束和金融约束,企业营业利润不足,生产水平较低,面临的风险和获取的收益往往不对称,小规模企业为追求超额收益,丰富公司资金来源,改善生产率水平,当资产收益率宽幅度拉大时,小规模企业更愿意持有高收益、低成本的金融资产,由于小规模企业内部治理水平较低,合理运用资金配置资产的能力较差,容易过度依赖金融投资忽视公司主营业绩,面临着较大的经营风险,对创新投资的挤出作用更大,使得企业无法形成经营优势,不利于企业在激烈的市场竞争中实现可持续发展(胡海峰等,2020;刘姝雯,2021)。通过上述分析,提出以下假设:

H3:资产收益率宽幅度对不同资产规模的实体企业高质量发展影响不同。

(三) 所处地区异质性分析

新凯恩斯货币非中性理论认为金融资源在地区间进行流动和替代会受到地理空间限制(Klagge等,2006)。我国区域性政策和经济资源分布不均,地区间资源流动壁垒依然存在(宋清华等,2021),因而企业投资偏好、战略目标、发展质量等均受所处地区的影响。在制度越完善、经济越发达,法治环境越好的地区,金融产品更加丰富,市场竞争越激烈。我国东、中、西部三大地区发展仍然存在一定差异。与西部地区相比,东、中部地区具有长期增长优势,加速形成了地区积累,同时吸引了大批企业、金融机构的进入,形成了更为激烈的市场竞争,企业为追求自身利润增长,受资产收益率宽幅度影响更大,同时地区金融发达导致持有金融资产获取的收益率更高,进一步拉大资产收益率宽幅度,引导大批资金流向虚拟经济,对实业投资产生严重"挤出效应",抑制了企业长期发展,因此本书提出以下基本假设:

H4:资产收益率宽幅度影响实体企业高质量发展存在区域异质性。

三、资产收益率宽幅度影响实体企业高质量发展的作用路径

通过构建理论模型和进行理论分析论证了资产收益率宽幅度拉大对实体企业高质量发展可能存在抑制作用,但是其作用渠道还有待研究。在保持经济高速增长的过程中,由于房地产价格过快上涨,通过投资、炒作获取高额收益,出现了以公允价值计价的金融资产收益率持续走高,而以历史成本计价的经营资产收益率持续走低的经济现象,改变了实体企业的风险偏好,导致实体企业投融资行为发生异化,转而投资、配置更多的包括投资性房地产在内的金融资产,加剧了实体企业金融化程度,对企业的经营资产投资产生"挤出效应",降低企业创新能力,致使企业盈利成长能力下降,阻碍企业长期价值提高,进而抑制实体企业高质量发展。因而本书认为金融化程度、经营资产投资、创新能力和盈利成长能力是资产收益率宽幅度抑制实体企业高质量发展的作用路径。

(一) 金融化的中介效应分析

持有等量金融资产和经营资产获取的收益率差距逐渐拉大的资产收益率宽幅度现象违背了马克思"等量资本获取等量收益"的一般均衡理论。由于资本运动具有趋利性,收益率不均衡将导致资本流向高收益率领域(Demir,2009),资产收益率宽幅度拉大向市场传达了投资金融资产可以获取高收益率这一信息,引导实体企业资金抽离经营资产,转而投资具有高收益率的金融资产,导致实体企业热衷于委托理财、股票投资、房地产投资等金融活动,资金脱离实体在虚拟领域"空转"(文春晖等,2016),实体企业金融化程度逐渐加深。

已有研究表明,随着实体企业金融化程度不断加深,将阻碍企业生产效率提高(刘笃池等,2016;刘姝雯等,2022),降低公司经营绩效(江三良等,2022),损害企业未来主业业绩(杜勇等,2017),阻碍企业高质量发展(刘冬冬,2022)。金融化程度加深对企业高质量发展的影响具体而言有以下几个方面:首先,金融化加深将导致企业对金融渠道获利产生依赖,挤出甚至替代实体投资,导致企业忽视主营业务发展,不利于实体企业高质量发展。其次,随着金融资产投资比重不断扩大,公司管理者的独立性因外部投资者、监管机构的进入而不断被削弱,改变了公司的治理结构,企业投资决策越来越服从资本的自主性,倾向于为了追求短期财务利润最大化而忽视企业长远发展(谢家智等,2014)。最后,实体企业金融化推动金融市场价格上涨,造成企业利润虚高的假象,加速企业资产泡沫化形成,使企业面临的金融风险加大,严重阻碍企业实现高质量发展。通过以上分析,提出以下假设:

H5:资产收益率宽幅度拉大通过加剧企业金融化程度进而影响实体企业高质量发展。

(二) 经营资产的中介效应分析

资产结构是企业对经济资源的整体布局,限制了企业的融资能力和偿债能力,对企业经营业绩产生重要影响(张永冀等,2016)。资产收益率宽幅度拉大引导企业资金流动,改变了企业的资本结构,资产收益率宽幅度现象和公允价值的顺周期效应向资本市场传递了金融资产收益率上涨的乐观预期,驱使企业增加金融资产投资,过度的金融资产配置行为将会产生资本"挤出效应",减少用于生产经营的固定资产投资(Milberg,2008;Demir,2009;Seo等,2012),挤出实业投资(Crotty,2003;Orhangazi,2008;张成思等,2016;陈彦斌等,2017;戚聿东等,

2018),降低经营资产比重,企业主业经营受到挤压,对企业资本积累产生负面影响(Baud 等,2012;Tori 等,2018),进而影响未来主营业绩和发展潜力(黄贤环等,2018),抑制实体企业高质量发展。因而,本书提出以下假设:

H6:资产收益率宽幅度拉大通过挤出经营资产进而影响实体企业高质量发展。

(三) 创新能力的中介效应分析

技术创新本身具有长周期、高门槛、高投入等特征(Holmstrom,1989),企业创新往往面临着较高的创新风险、信息不对称和融资约束等问题,创新活动高额的调整成本和融资来源不稳定制约着企业创新能力的提升(王红建等,2017)。当资产收益率宽幅度不断拉大时,企业更愿意配置具有高额回报的金融资产以获取超额回报,而放弃回报周期长、风险大的创新投资。由于实体企业资本有限,投资金融资产必然会挤占创新投入,企业缺乏足够资金对厂房、设备进行升级改造,对新产品进行技术研发,进而严重阻碍了实体企业创新能力的提升(Seo 等,2012;Kliman 等,2015;段军山等,2021)。

创新能力提升是支撑引领高质量发展的动力源泉(辜胜阻等,2018),是企业可持续发展的主要驱动因素(Chofreh 等,2014;苏屹等,2018)。首先,企业通过技术创新不断改进产品的质量和性能,提升企业核心竞争力,在激烈的竞争中争夺更多市场份额,推进企业可持续发展(黄庆华等,2017);其次,实体企业创新能力的提升有利于提高资源利用效率,实现低消耗、低污染,加快企业绿色发展,有利于企业树立良好的社会形象;最后,企业创新能力的提升还可以提高企业员工素质,激励企业开展员工技术培训,形成良好的企业文化,稳固企业核心竞争力,是推动企业实现高质量发展的重要力量。然而若实体企业创新能力不足,将导致企业缺乏核心技术和竞争力,降低企业资源利用效率,加大企业生产消耗和污染,不利于企业可持续发展,是阻碍实体企业实现高质量发展的"绊脚石"。根据上述分析,本书提出以下假设:

H7:资产收益率宽幅度拉大通过降低创新能力影响实体企业高质量发展。

(四) 盈利成长能力的中介效应分析

资产收益率宽幅度现象和公允价值的顺周期效应叠加导致实体企业过多配置金融资产,一方面金融资产的高杠杆、复杂性、传染性、高风险等特性对于实体企业来说是不可忽视的隐患,潜在的风险和高额的利息支出将阻碍企业利润率增长,降低企业盈利能力;另一方面,配置过多金融资产对实体投资和创新投资产生"挤出效应",整体融资端成本的不断抬升也增加了实体经济融资成本,阻碍企业创新活动展开,实体企业长期依赖持有金融资产谋利,忽视主营业务发展,势必会造成实体经济"空心化",致使企业成长能力下降(刘姝雯,2021)。资产收益率宽幅度拉大通过降低企业盈利能力和成长能力,阻碍企业价值提高,抑制实体企业高质量发展,因而本书提出以下研究假设:

H8:资产收益率宽幅度拉大通过降低企业盈利能力和成长能力影响实体企业高质量发展。

第四节 税负调节影响实体企业高质量发展的理论分析

为激发微观企业活力,我国政府出台了一系列税收政策,以期为推动企业高质量发展提供保障。那么,税负调节是否是影响实体企业高质量发展的外部因素?通过税负调节能够推动实体企业高质量发展吗?税负调节对于不同实体企业高质量发展的影响有何不同?由于政策具有滞后效应,税负调节影响实体企业高质量发展是否具有时滞性呢?基于企业生命周期理论,税负调节对于处于不同生命周期阶段的实体企业高质量发展有何差异呢?我国经济当前面临着两大挑战:一是我国实体企业仍面临着税负过重制约企业发展的问题,二是地方财政压力持续增大。为使减税"红包"精准落袋,进一步推进减税政策落地生根,厘清上述问题具有至关重要的意义。

一、税负调节对实体企业高质量发展的影响

税负调节是各国政府进行宏观调控的重要手段,其中减税是政府拉动内需、刺激经济增长的重要政策工具。2008年,为应对国际金融危机的影响,中央经济工作会议提出实施"结构性减税",2016年7月召开的中央政治局会议指出要降低宏观税负,我国减税政策范围进一步扩大。近年来,我国为增强市场活力,促进经济高质量发展,不断推进减税降费政策实施。无论是供给学派还是需求学派都肯定了减税的积极作用。以萨伊为代表的供给学派认为降低税负是刺激经济的主要手段,减税的刺激手段通过增加生产从而增加供给刺激经济增长;而以凯恩斯为代表的需求学派认为减税政策可以通过影响消费和投资需求刺激总需求增加,从而增加社会经济产出。

然而,研究发现,虽然金融危机后政府出台了一系列拉动内需、刺激经济增长的减税政策,但是中国宏观税负仍保持较快增长,由2007年的27.56%上升至2012年的34.34%,我国约90%的税收由企业承担(高培勇,2015)。依据我国现行税制,企业需上缴增值税、企业所得

税、消费税、城市维护建设税等税种。就一般制造业企业而言,企业需按照应纳税所得额的25%缴纳企业所得税,按照应税收入的13%缴纳增值税,纳税人所在地为市区的按照流转税额的7%缴纳城市维护建设税,企业所承担的综合税负总体偏高。以往研究表明,税收负担较重将直接影响企业现金持有和收益获取,影响企业会计稳健性(周泽将等,2012),提高企业杠杆率(李建军等,2018),影响企业投资(毛德凤等,2016),降低企业创新能力(Abhiroop等,2017;李林木等,2017),不利于企业成长(贾俊雪,2014),损害企业价值提升(刘行等,2012),严重制约实体企业实现高质量发展。

从实体企业所承担的综合税负角度出发对企业税负影响实体企业高质量发展进行分析,首先,企业税负降低可以缓解实体企业融资约束(Tirole,2006),避免企业为缓解自身税收压力而采取避税行为,降低企业财务风险和寻租动机,企业活动可分为生产性活动和寻租性活动,两者具有替代作用,一方面,降低企业寻租动机促使企业将资金投入生产性活动中,集中力量扩大生产经营(孔军等,2021;信春华等,2022);另一方面,寻租动机的减少有利于企业树立更加优质的社会形象,有利于实体企业实现高质量发展。其次,企业税负降低可以增加企业投资经营资产的收益(庞凤喜等,2019),由于资本具有趋利性,当经营资产收益增加时,企业为追求利润增长会配置更多的经营资产,加快设备更新、厂房建设,同时实体企业税负降低可以弥补企业创新投入与回报的差距(Hall,1993;Czarnitzki等,2011),减少实体企业资源错配,从而推动实体企业高质量发展。最后,企业税负对企业现金持有和收益率会产生直接影响,企业税负降低可以增加现金持有和收益率,企业拥有更多资金也更愿意进行研发创新(Hall等,2000;Bloom等,2002),企业在激烈的市场竞争中更易形成核心竞争力,助推实体企业高质量发展。

通过以上分析,本书提出以下研究假设:

H9:从企业承担的综合税负角度出发,企业税负降低能够助推实体企业高质量发展。

虽然基于企业承担的综合税负分析发现降低企业税负有利于实体企业高质量发展,但是由于不同税种税负转嫁、计税环节、会计核算等特点不同,因而不同税种对于企业行为的影响路径和程度都存在一定差异(马海涛等,2021)。增值税、营业税和企业所得税是我国实体企业缴纳税款中最主要的部分,其中企业所得税和增值税占税收总额的比例超过50%(吕冰洋等,2020),本书将进一步分析作为直接税代表的企业所得税与作为流转税代表的增值税对于实体企业高质量发展的不同影响。

首先,就企业所得税而言,企业所得税是一种直接税,其变化能够直接影响企业的税后利润,相较于具有间接税性质的增值税而言,企业所得税对企业净利润和现金流的影响更为明显。一方面,企业所得税负降低能够提高企业税后净收益,激励企业扩大再生产,提高企业生产经营的积极性,增加企业收益,从而推动实体企业高质量发展;另一方面,所得税降低能够增加企业现金持有,缓解实体企业融资约束,提高企业应对和防范风险的能力,促进企业全要素生产率的提升,使实体企业实现高质量发展(郑宝红等,2018)。其次,就增值税而言,增值税具有间接税性质和价外核算属性,税负转嫁相对容易,理论上在抵扣链条完全打通的情况下增值税不构成企业实际承担的税负,对企业经营决策不会产生影响(刘怡等,2017),然而实际上增值税链条能否打通取决于企业的议价能力,因而企业承担的增值税与企业自身议价能力密切相关(童锦治等,2015)。增值税转型使企业实际缴纳的增值税降低,增加当期经营性现金流,但是由于消费型增值税下购进的固定资产进项税额不计入固定资产原值,固定资产入账价值减少降低折旧的税盾价值,反而增加了所得税支出的现金流量(许伟等,2016),一定程度上抑制了增值税对企业利润和现金流的影响(马海涛等,2021)。综上所述,分析不同税种对实体企业高质量发展的影响可以发现,不同税种对实体企业高质量发展的影响可能存在不同,具有直接税性质的企业所得税相较于具有间接税性质的增值税而言,对于实体企业高质量发展的影响更加显著,因而本书提出以下研究假设:

H10:企业承担的不同税种对实体企业高质量发展的影响不同。

二、税负调节对不同实体企业高质量发展的影响

企业的产权性质、企业规模、所处税收政策时间跨度和经济地区都是决定企业税收政策负担以及企业行为的重要因素。考虑到实体企业的异质性,税负调节对实体企业高质量发展的影响程度可能因产权性质、企业规模、所处时间跨度和地区的异质性而产生差异。为使税收政策真正做到"对症下药"、推动税收政策"落地生根",本书针对具有不同特征的实体企业探究税负调节对企业高质量发展影响的异质性。

(一)产权性质异质性分析

由于非国有企业和国有企业受到政府控制的程度不同,在融资约束、行业分布、资本密集度等方面存在差异(Song等,2011;Li等,2015),导致不同产权性质企业的行为动机、经营目标不同。一方面,国有企业的实际控制人是政府,其生产经营行为容易受到政府影响,承担着提供就业岗位、推动地方经济发展和社会稳定等公共职能,因而无论国有企业承担的税负高低都需要实现稳步发展,以此来迎合政府制定的发展

目标;另一方面,国有企业受益于"软预算约束",更易筹集资金,承担风险的能力更强,不易受政策变化影响,因此国有企业承担的税负高低对企业高质量发展的影响可能并不明显。然而,与国有企业不同,非国有企业行业资本密集度较低,受到一定融资约束,因而当非国有企业税负降低时,企业成本降低、现金流增加,非国有企业投资实业、创新研发的动机增加,相较于国有企业税负调节对非国有企业高质量发展的影响更加显著。因而本书提出以下假设:

H11:税负调节对于国有企业和非国有企业高质量发展的影响程度不同。

(二) 企业规模异质性分析

不同规模企业对于政策的感知能力及需求程度存在明显差异(马金华等,2021),中小规模企业相较于大规模企业生产规模小、经营范围单一、信息不对称强、可担保抵押资产少、融资约束严重(谭雪等,2022)、无法还贷的可能性更高(郭丽虹等,2012)、抵御防范风险的能力相对较弱,政策需求和感知更强,企业行为更易随政策变化而发生改变,因而政府通过税负调节从政策层面给予中小规模企业支持从而推动企业高质量发展的作用更大,减轻中小规模企业税收负担能够降低其融资约束程度,增加其防范风险的能力,促进企业生产。与之相反,由于银行、券商及其他金融机构更倾向于与大规模企业来往,大规模企业在增发、贷款等方面面临相对较弱的融资约束(连玉君等,2010),拥有更加充裕的现金,抵御风险的能力更强,企业行为受政府政策改变的影响相对较弱。因此,本书提出以下假设:

H12:税负调节对于大规模企业和小规模企业高质量发展的影响程度不同。

（三）时间跨度异质性分析

2008 年,中央围绕促进投资、调整结构、扩大消费出台了一系列结构性减税举措,首次提出"结构性减税",2012 年 1 月 1 日以上海部分行业为试点推行"营改增",之后逐步扩大试点城市和企业。从 2016 年开始,中央大力推行全面减税政策,2016 年 5 月 1 日在全国范围和所有行业全面实现"营改增",同时推行企业所得税改革等一系列普遍性减税降费政策。由于经济发展需要更为全面、系统的制度变革,单一环节的调整不足以推进所有企业发展从而实现经济水平的全面跃迁,而多举措的减税政策更加关注企业创新研发能力提升,降低企业成本,能够产生更多政策红利。陈小亮(2018)研究评估发现 2016 年以来全面减税时期政策实施所带来的经济效果更为明显。因而,以 2016 年为分界线,税负对于实体企业高质量发展的影响在结构性减税时期和全面减税时期存在差异。根据以上分析,本书提出以下研究假设:

H13:税负调节对不同减税政策时期的实体企业高质量发展的影响存在差异。

（四）所在地区异质性分析

不同地区的经济发展水平、财政状况、市场规范程度存在较大差距(胡洪曙等,2022)。我国四大经济区域对应着不同的经济政策,分别为东部地区率先发展、中部崛起、西部大开发和东北全面振兴。在不同经济政策指导下,各地区实体企业发展状况必然存在差异。我国东部地区经济发展状况较好、拥有良好的市场经济环境、市场信息更为公开透明、辖区内企业可获得的资源较为丰富、地方政府拥有充足的税源、微观企业主体对地方经济增长贡献较高(肖志超等,2021)。减税政策在东部地区不断推进能够减轻实体企业成本、增加企业现金流、促进企业投资活动、提高生产效率、提升企业盈利能力,因而税负调节对东部地区实体企业高质量发展的影响更加显著。而中部、西部和东北地区经济发展水平较为落后,政府支出仍是区域经济发展的主导力量,减税政策的不断推进加剧地方财政紧张程度,地方政府为保持财政收入很可能通过强化税收征管将降低的税负补征回来(Chen,2017),从而抵消了部分减税政策的效应,实体企业未能得到减税政策所带来的实际减负(冯俊诚,2022),因而税负调节对于中部、西部和东北地区实体企业高质量发展的影响不如东部地区显著。综上所述,本书提出以下研究假设:

H14:税负调节对不同地区实体企业高质量发展的影响存在差异。

三、基于时滞性的进一步分析

学术界普遍认为政策实施后存在一定的时滞性是公共政策制定和执行过程中存在的客观规律(叶堂林等,2022)。税收政策也不例外,税收政策颁布后需沿政策路径进行传导,并给予税收政策的受体一定时间去调整和适应新的税收政策环境,可能导致税收政策从实施到发挥作用存在一定的滞后周期。同时,税收政策的效果取决于税制变迁对市场主体行为的复合影响,这种影响将对企业长期的市场反应产生改变(孙正,2020)。我国税收政策的实行往往不是一蹴而就的,而是不断深化推进的,例如"营改增"政策用了五年时间逐步在全国全行业试点推行。对于实体企业这一微观主体来说,减税政策不仅影响了企业当期所承担的实际税负,直接减轻了企业所承担的成本,增加企业的现金持有,提高利润水平,推动企业高质量发展,而且前期的政策效果会在以后年度继续影响企业的生产经营活动。在后续年度由于资金增加,企业不断扩大生产经营投资和科研创新投资,继续增加实体企业利

润,持续提升其价值和绩效水平,进而对实体企业高质量发展产生长期影响,因而本书提出以下研究假设:

H15:税负调节影响实体企业高质量发展具有时滞性,即税负调节不仅对当期实体企业高质量发展产生影响,也对未来期间实体企业高质量发展产生影响。

四、基于企业生命周期理论的进一步分析

企业同生命体一样存在着类似于从出生到死亡全过程的生命周期(Adizes,1988),已有研究发现企业规模、投资策略、盈利能力、创新能力等在不同生命周期阶段存在明显差异,制约影响企业发展的因素也有所不同(Miller 等,1984),实体企业想要实现高质量发展需要综合评估自身条件和外部环境,结合中国税制的主要特征,税负调节对处于不同生命周期的实体企业的影响可能存在差异。Gort 等(1982)提出企业生命周期可分为五个阶段——初创期、增长期、成熟期、衰退期和淘汰期,借鉴刘诗源等(2020)的研究,将初创期和增长期整合为成长期,将衰退期和淘汰期整合为衰退期,将企业生命周期划分为成长期、成熟期、衰退期三个阶段,下面将基于企业生命周期三个不同阶段的特征分析税负调节对实体企业高质量发展的不同影响。

处于成长期的企业尚未在行业内和市场上立足,抢占市场份额和增强核心竞争力是企业的战略目标(马宁等,2018),为了实现从无到有的突破,企业往往具有强烈的动机进行研发创新、树立良好社会形象(余典范等,2022)、提升盈利能力、推动自身高质量发展。为实现战略目标,企业需要大量资金投入到购置设备、建设厂房、引进人才、宣传企业等方面,但是处于成长期的企业往往面临着较强的融资约束。从内源融资看,成长期企业还未开始实现盈利,从经营活动中获取的资金较

少;从外源融资看,由于企业尚未建立良好的市场声誉,企业面临的经营风险偏高,限制了成长期企业获取外源融资(黄宏斌等,2016)。在较强融资约束和需要大量资金推动自身发展的成长期阶段,降低企业税负可以显著减轻企业成本,增加企业现金流量,为企业提供低成本的试错机会(Howell,2017),分担了成长期企业的风险,因而税负调节对成长期实体企业高质量发展具有显著影响。

当企业发展到规模和技术稳定的成熟阶段时,企业的组织结构日渐完善,生产经营模式日趋成熟(刘诗源等,2020),行业发展前景更加明朗(马宁等,2018),企业实现较为稳定的盈利,面临的经营风险降低(曹裕等,2016),逐渐建立市场声誉,能够以较低成本获得外部融资,企业所受到的融资约束程度降低。在支出方面,由于基本建设已经完成,商品业务逐渐为市场所认可,因而资本性支出和宣传、招待费用显著减少。支出减少和融资约束降低使得企业本身对于政府补贴和税收优惠的需求并不像处在成长期时那么迫切。在成熟期这一阶段,企业拥有较为丰厚的盈余和充裕的现金流,企业由于创新能力较强形成了核心竞争力(朱永明等,2018),这一状态可能导致企业"安于现状",因而税负调节对成熟期企业高质量发展的影响可能并不明显。

当企业步入衰退期时,企业管理制度不断僵化、管理层创新意识不足(李云鹤等,2011),加之生产设备陈旧,创新技术老化,薪酬激励不足导致人才流失严重,企业创新能力低下(吴先明等,2017),因而企业经营状况开始恶化,企业缺乏利润增长点(段姝等,2020),风险程度逐渐上升,融资约束程度逐渐加强(黄宏斌等,2016)。在这种情况下,企业避险意识强烈,选择谨慎保守的经营战略,即使政府通过税收手段对企业进行调节,衰退期企业也很难提高自己的投资和创新意愿,企业财务状况不易得到改善,企业价值也难以提升。根据以上分析,本书提出以下研究假设：

H16：税负调节对于处在不同生命周期的实体企业高质量发展的影响不同，对处在成长期的实体企业影响更加显著，而对处在成熟期和衰退期的实体企业影响相对较小。

第五节 税负调节、资产收益率宽幅度与实体企业高质量发展的理论分析

资产收益率宽幅度拉大是导致企业行为发生异化、抑制实体企业高质量发展的内部因素，而税收杠杆是调节企业税负公平和收益公平，引导企业资金流向重要方面的政策工具。税负调节、资产收益率宽幅度与实体企业高质量发展三者之间的关系如何？税负调节能否通过管控资产收益率宽幅度从而助推实体企业高质量发展呢？税负调节又是通过何种机制影响资产收益率宽幅度的呢？针对不同实体企业来说资产收益率宽幅度的中介作用是否存在差异？本节试图对上述问题进行解析，研究将为管控资产收益率宽幅度、助推实体企业高质量发展的税收政策优化提供依据。

一、税负调节通过资产收益率宽幅度影响实体企业高质量发展

高质量发展是当前乃至未来一段时间中国经济发展的重大战略方向，实体企业高质量发展是经济高质量发展的基础。当前国际国内形势复杂，加之新冠疫情冲击，经济形势面临着诸多不确定性。近年来，我国实体企业创新动力不足，企业杠杆率不断攀升，金融化、僵尸化程

度加深,这与实现高质量发展的战略目标存在差距,因而,探讨如何推动实体企业高质量发展这一议题具有十分重要的意义。通过长期跟踪研究发现,由于货币贬值、资产价格上涨,投资持有金融资产的收益率与投资持有经营资产的收益率之差不断拉大,形成了虽然是等量资产但由于二者的计价方式不同导致收益率差距不断拉大的资产收益率宽幅度现象,向市场传递了金融资产价格上涨的乐观信息,改变了投资者的风险偏好和投资行为,致使企业杠杆率攀升,金融化程度不断加深,挤出企业创新投资,长期来看不利于实体企业形成核心竞争力,发展能力受损,严重抑制实体企业高质量发展。资产收益率宽幅度拉大是抑制实体企业实现高质量发展的深层次原因。若要推动实体企业高质量发展,亟待解决的问题是如何抑制资产收益率宽幅度持续拉大。

政策是驱动经济平稳发展的核心变量,为缩窄资产收益率宽幅度,应发挥政府"有形之手"的作用,其中税负调节是政府调控经济活动重要的政策工具,具有发力精准、结构性突出等特征,是调控资产收益率宽幅度,推动实体企业高质量发展的有力举措(赵立三等,2022)。美国经济学家汉森指出,税收可以调节经济,是避免经济危机、保持经济健康发展的有效手段。面对当前金融资产收益率和经营资产收益率之差持续拉大的资产收益率宽幅度现象,税收杠杆远未发挥应有的作用。税负调节能够有效补偿企业投资活动的外部性,通过降低企业税费负担缓解资金压力,增强企业再投资意愿,优化企业投资结构,提升其风险承担能力,是政府提振实体企业信心、帮助实体企业摆脱困境的有力工具(赵灿等,2022)。

从微观来看,税负调节直接作用在企业上体现为企业所承担的税负程度,企业所承担的税负直接影响企业的留存收益和现金流。当企业税负加重时,过高的税负会直接消减经营资产收益率,降低企业对实体投资的期望(叶云龙等,2022),从而滋生逆向选择问题。微观经济学的厂商理论认为,企业追求的目标是实现利润最大化,当实体经济活动回报有限时,企业具有强烈动机寻求新的摄取利润的路径(叶显等,2019)。一方面,金融资产具有流动性强、投资便利性好、投资周期短等特点,当前,金融资产超额回报已经是普遍事实,企业为实现利润最大化偏向于增加金融资产投资。据统计,我国上市实体企业实业投资率由2007年的8.96%下降至2018年的5.04%(后小仙等,2021),究其原因在于不同投资渠道利润率相差较大,实体企业出于逐利动机,改变了投资结构。另一方面,金融资产收益相较于经营资产收益承担的税收负担较轻。分析实体企业所缴纳的主要税种可知,企业所得税作为直接税以"应纳税所得额"作为税基进行征税;而增值税作为一项间接税,是以商品和服务在流转过程中产生的增值额作为税基而征收的一种流转税。若实体企业在商品流转过程中产生增值额并最终获取利润,那么商品从供应到生产再到销售的过程中既需要缴纳商品增值部分的增值税等流转税,还需要缴纳最终获取利润所需缴纳的企业所得税。而投资金融资产获取的收益属于资本利得仅需缴纳企业所得税。因而,对于相等的经济业务来说,投资金融资产获取的收益所需承担的税负低于投资经营资产获取的收益所承担的税负,金融化收益可以相对减轻企业税收负担(叶云龙等,2022)。因此,当企业税负加重时直接影响当期盈余水平和现金流量,降低企业对投资经营资产的预期,改变企业投资方向,引导资金从"高负担预期低回报"领域流向"低负担预期高回报"领域(庞凤喜等,2019),从而推动金融资产收益率进一步上涨和经营资产收益率下降,拉大资产收益率宽幅度,进一步抑制实体企业高质量发展。当企业税负降低时,节约了企业的税收支出,增加了企业的内源资金,降低企业外部融资成本从而减少现金流出,缓解企业融资约束,降低企业财务风险水平(黄贤环等,2022),同时降低税负提升了实业投资收益率(彭俞超等,2017),提高企业对经营资产投资收益的预期,推动企业投资实体的意愿(刘建民等,2020),在逐利动机驱使下,企业为发展主业、形成核心竞争力,更愿意将有限资金投入经营资产,从而挤出金融资产,因此降低企业税负有利于缩窄资产收益率宽幅度,推动实体企业高质量发展。综上所述,本书认为税负调节不仅可以直接影响实体企业高质量发展,还可以通过影响资产收益率宽幅度从而作用于实体企业高质量发展,进一步提出以下研究假设:

H17:税负调节可以通过调控资产收益率宽幅度进而影响实体企业高质量发展。

理论上税负调节能够影响企业的资金使用成本从而对投资产生影响(Jorgenson,1967;Cummins 等,1996;Edgerton,2010),上面从企业承担的综合税负视角出发分析,认为税负调节能够调控资产收益率宽幅度从而影响实体企业高质量发展,但是由于税负调节涉及多种税收激励措施,差异化的税负调节政策对企业投资可能会产生不同影响。企业所得税是我国直接税的代表税种,增值税是我国间接税的主要税种,根据《中国统计年鉴》历年数据计算可以发现,2017年、2018年企业所得税和增值税占全部税收收入比重均值的61%以上,企业所得税和增值税由于税种性质不同对企业投资的影响路径和程度存在一定差异。企业所得税以企业当期利润总额调节后作为税基进行计算,以企业净所得为征税对象,不能转嫁,企业所得税税率的高低、税前可抵扣项目等既会对企业留存收益产生影响,又会对企业现金流出产生影响;而增值税以商品及劳务的销售额作为征税对象,税额可以转嫁给产业链下游,在会计上其支出记录在应计类账户,只影响当期现金流,不会对当期利润产生影响(蔡蕾等,2022)。两种不同税种的纳税机制存在差异,税负变动对企业投资行为将会产生不同程度的影响(马海涛等,2021),对资产收益率宽幅度的调控作用也不尽相同,进而影响实体企业高质量发展的程度存在差异,本书提出以下研究假设:

H18:不同税种对资产收益率宽幅度的调控作用存在差异,进而对实体企业高质量发展产生了不同影响。

二、税负调节影响资产收益率宽幅度的作用机制

(一)营商环境的调节效应分析

不同地区资源禀赋、政策体系、区域文化等条件的差异导致各地区营商环境不同,良好的营商环境体现了一个地区强劲的经济软实力,在不同的营商环境下,税收杠杆对资产收益率宽幅度的调控作用必然存在差异。依据North(1990)的正式制度理论,良好的营商环境能够扫除企业在经营发展过程中面临的机制障碍,有利于维护公平的市场竞争环境,提高政府行为的透明度,激发企业活力。营造良好的营商环境有利于推动经济稳定运行、政策手段持续执行以及企业持久经营发展,能够降低税收政策实施的不确定性风险,提高税负调节的效率,推动实现税负调节的目标(唐红祥等,2020)。同时,在宽松的营商环境下,企业能够公平及时地获取所需的市场资源(Claessens等,2014),税负调节对企业行为的影响更加显著。因此,营商环境越好,政府税收政策的实施越透明高效,越能够有效降低企业税负,降低企业承担的成本,提高企业利润率,增强企业投资经营资产的意愿,从而导致金融资产收益率降低,推动经营资产收益率提高,有效缩窄资产收益率宽幅度。根据上述分析,本书提出以下研究假设:

H19：营商环境是税负调节影响资产收益率宽幅度的作用机制，在营商环境较好的地区，降低企业税负能够更加显著缩窄资产收益率宽幅度。

（二）财政压力的调节效应分析

分税制改革为我国经济增长奠定了基础，但同时导致地方支出和收入形成倒挂出现财政缺口，地方政府财政压力不断增大（庄序莹等，2022）。我国不同地区经济发展状况存在差异，各地方政府所受财政压力也不同，导致地方政府的税费征收、政府补贴行为发生改变，进而影响企业的生产经营行为，因而各地方的财政压力大小将对税负调节影响资产收益率宽幅度产生调节作用。一般情况下，地方政府依据上一年年末的财政收支缺口制定本年度税收任务，财政收支缺口越大意味着财政压力越大。一方面，迫于财政压力，政府可能会提高税收收入、加强税收征管，这就发出了一个企业未来承担税负可能会增加的信号，导致实体企业投资经营资产的意愿降低；另一方面，政府可能会通过压缩财政支出来缓解财政压力（余靖雯等，2022），因而即便企业承担的税负降低，政府为缩减支出降低了对企业的行政补贴，企业成本没有得到实质性的降低，税负调节对资产收益率宽幅度的影响可能并不显著。而当地方政府财政压力较小时，为推动经济发展、吸引更多企业进入，政府往往会出台更多税收优惠政策、扩大财政支出、加大对企业的财政补贴。因此，在财政压力较小的地区，经营环境更加宽松，税收政策的实施也更加透明，企业承担的成本会得到显著降低，税收杠杆对资产收益率宽幅度的调控作用更加显著。综上所述，本书提出以下假设：

H20：财政压力是税负调节影响资产收益率宽幅度的作用机制，在财政压力较小的地区,降低企业税负能够更加显著缩窄资产收益率宽幅度。

(三) 地区金融发展水平的调节效应分析

当前,我国金融体系较为完备,涵盖了银行业、保险市场、证券市场等金融市场,但我国金融资源大部分由银行部门控制,金融市场资源配置还存在不平衡的问题。地区金融发展水平的提高意味着区域内金融体系的逐渐完善,完善的金融体系有助于改善企业外部融资环境,减轻金融市场与企业间信息不对称的问题,缓解企业融资约束,促进实业投资规模扩张(陈金勇等,2020),地区金融发展水平能够对税负调节影响资产收益率宽幅度起到调节效应。具体来说,一方面,地区金融发展水平提高可以促进金融机构的区域性聚集,金融供给量的增加降低了资金成本,从而缓解了企业面临的融资难、融资贵等问题(Claessens等,2003);另一方面,金融发展促进地方金融市场体系不断完善,金融市场健康发展有助于企业获取大量外部信息,降低企业获取信息的成本,减轻企业面临的信息不对称问题,从而更好地作出投资决策(黄婷婷等,2020)。企业处于金融发展水平较高的地区时,由于企业面临着更低的融资约束和信息不对称问题,当税负降低时企业能够有效得到税负调节的信息,税收杠杆能够充分发挥调节收益平衡的作用,引导企业资金流向,使企业作出有利于自身长久发展的投资决策,将资金投资到实业领域,提高经营资产收益率,从而促进税负调节对资产收益率宽幅度的调控作用,因此本书提出以下研究假设:

H21:地区金融发展水平是税负调节影响资产收益率宽幅度的作用机制,在金融发展水平较高的地区,降低企业税负能够更加显著缩窄资产收益率宽幅度。

三、基于实体企业异质性的中介效应分析

（一）地区层面异质性分析

从图2-2不难看出,相较于欠发达地区,我国发达地区实体企业高质量发展水平更高,发达地区实体企业高质量发展程度略高于全国水平,而欠发达地区实体企业高质量发展程度与全国水平有较大差距,基于不同地区层面分析税负调节影响实体企业高质量发展的作用渠道具有重要意义。

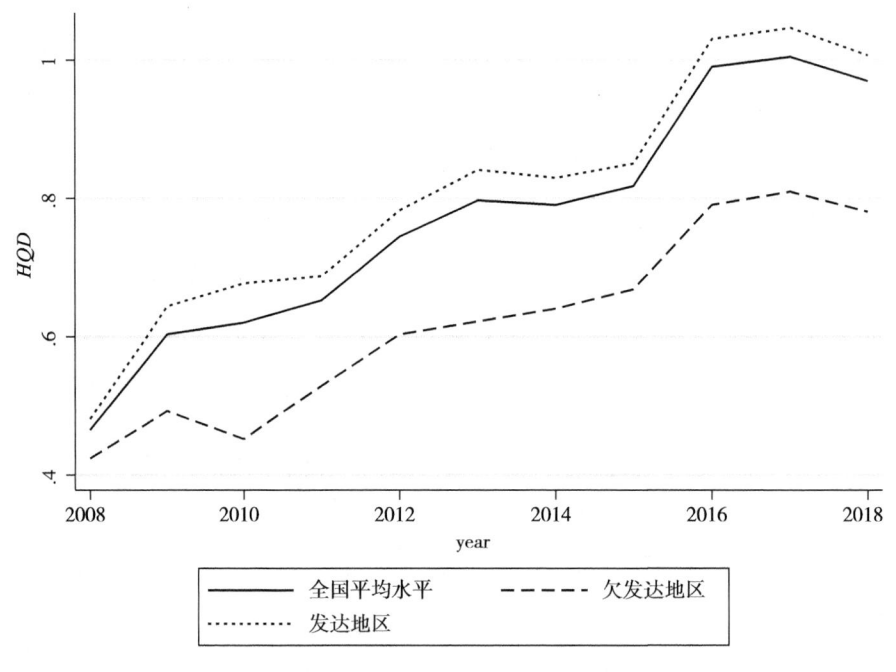

图2-2 分地区实体企业高质量发展状况①

为推动实体企业高质量发展,不同地区间企业资产收益率宽幅度

---

① 按照人均GDP中位数划分原则将31个省(市)划分为15个发达地区和16个欠发达地区。

受税负调节影响的程度不同。发达地区经济环境相对于欠发达地区较为优越,良好的经济环境和市场氛围为企业创造了信息透明、公平竞争的条件,税收政策在发达地区更加透明,能够有效调节企业税负从而改变企业对经营资产收益率和金融资产收益率的预判,引导资金流动,调控企业资产收益率宽幅度大小,进而影响实体企业高质量发展。一方面,欠发达地区受制于薄弱的经济基础和较强的财政压力,市场环境和营商环境尚不完善,税收政策不能透明化,信息传播不及时,导致企业税负不能及时得到调节,进而不能有效调控资产收益率宽幅度;另一方面,欠发达地区企业往往资源有限,承担着较强的融资约束,企业经营决策和经营偏好不易受制度影响,因而税负调节影响实体企业高质量发展的渠道作用不明显。经过上述分析,本书提出以下研究假设:

H22:税负调节通过资产收益率宽幅度对实体企业高质量发展的影响存在地区异质性。

(二) 产权性质异质性分析

对于具有不同产权性质的实体企业来说,税负调节对资产收益率宽幅度的影响程度不同,因而对实体企业高质量发展产生了差异性影响。图2-3左边显示了2008—2018年所有实体企业、国有企业和非国有企业平均综合税负率变化情况,右边显示了2008—2018年所有实体企业、国有企业和非国有企业平均实体企业高质量发展指数变化情况,从图2-3可以看出,虽然近年来非国有企业承担的综合税负高于国有企业,但是非国有企业高质量发展水平高于国有企业高质量发展水平,产生这一现象的原因可能是因为国有企业与政府之间有着天然且密切的联系,政府的政策措施对国有企业影响较大,因而出现了国有企业承担的综合税负较非国有企业低的情况。但是国有企业的经营决策往往受到政府干预,同时国有企业往往具有更优越的资源禀赋,面临着较少的融资约束问题,因而税收政策对于企业经营行为和投资行为的影响可能并不显著(狄灵瑜等,2021),企业资产收益率宽幅度并未因税负调节而得到有效调控,导致企业高质量发展程度没有得到提升。而对于非国有企业来说,追求利润最大化和可持续发展就是企业的目标,同时非国有企业往往面临着融资约束问题,因而降低非国有企业税负能够有效降低企业成本,提高经营资产收益率,增加企业现金流,引导企业资金流向更有利于企业长远发展的实体领域,从而显著缩窄资产收益率宽幅度,推动实体企业实现高质量发展。根据以上分析,本书提出以下研究假设:

H23:税负调节通过资产收益率宽幅度对实体企业高质量发展的影响存在产权性质异质性。

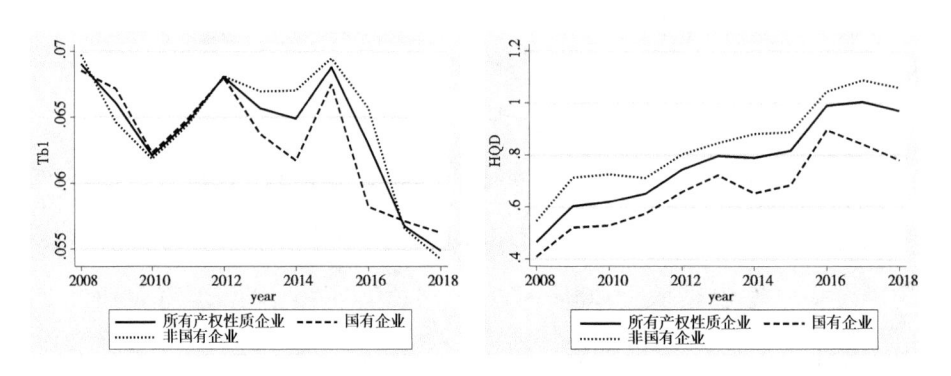

图 2-3 不同产权性质企业税负和高质量发展状况

(三)运营模式异质性分析

重资产和轻资产运营模式最主要的区别在于固定资产占总资产比重的大小,重资产运营模式的企业拥有大量厂房、设备等固定资产,固定资产占比往往相对较高,重资产运营模式企业的资本开支规模相对较大,因为企业需要持续的资本开支维持固定资产的更新换代,重资产企业的核心竞争力在于资产规模和资产质量。税负调节会对企业承担的成本和持有的现金产生直接影响。对于重资产企业来说,当企业税负降低时,能够降低企业成本,增加企业现金流,提升实体收益率,增加固定资产投资,提高资产质量,从而对资产收益率宽幅度产生显著影响。而轻资产企业的运营模式就是通过减少企业固定资产投入,将生产环节进行外包并将企业资源集中于研发和销售。轻资产企业的核心竞争力来自品牌营销和科技研发,因而企业税负变化对资产收益率宽幅度的影响可能并不显著。因此,由于具有不同的经营方式,不同运营模式的实体企业资产收益率宽幅度受税负调节的影响可能不同,本书提出以下研究假设:

H24:税负调节通过资产收益率宽幅度对实体企业高质量发展的影响存在运营模式异质性。

第六节 本章小结

本章聚焦税负调节、资产收益率宽幅度和实体企业高质量发展之间的关系构建研究框架,围绕"资产收益率宽幅度是否是抑制实体企业高质量发展的内部因素"、"税负调节是否是影响实体企业高质量发展的外部因素"以及"税负调节、资产收益率宽幅度如何影响实体企业高质量发展"这些问题进行理论分析并提出相应的研究假设。首先,通过构建理论模型验证了税负调节和资产收益率宽幅度会对实体企业高质量发展产生影响;其次,提出资产收益率宽幅度是抑制实体企业高质量发展的原因,基于实体企业异质性分析了资产收益率宽幅度对实体企业高质量发展的不同影响,并分析了资产收益率宽幅度影响实体企业高质量发展的路径;再次,提出税负调节能够影响实体企业高质量发展,分析了税负调节影响不同实体企业高质量发展的差异性,探究了税负调节影响实体企业高质量发展具有时滞性,并基于企业生命周期理论探讨了税负调节对实体企业高质量发展的影响;最后,分析了税负调节通过调控资产收益率宽幅度进而影响实体企业高质量发展,探讨了税负调节影响资产收益率宽幅度的作用机制,针对不同实体企业分析了资产收益率宽幅度的中介效应。本章为后面进行实证研究构建了理论框架,为进一步优化税收政策,管控资产收益率宽幅度,推动实体企业高质量发展奠定理论基础。

第 三 章

实体企业高质量发展指数的构建与测算

基于实体企业高质量发展的内涵,分析实体企业高质量发展的特征,遴选包含高质量创新发展、高质量财务信息、高质量效益创造以及高质量绿色共享四个维度的评价指标,利用因子分析和层次分析组合赋权法构建实体企业高质量发展指数,并基于实体企业高质量发展指数对我国实体企业高质量发展现状进行描述,为进一步探究实体企业高质量发展夯实基础。

第一节 实体企业高质量发展特征与评价指标遴选

实现实体企业高质量发展是持续推动经济高质量发展的基石。本节在第一章探讨实体企业高质量发展内涵的基础上,进一步分析实体企业高质量发展的特征,并结合实体企业高质量发展特征遴选相关评价指标,构建实体企业高质量发展评价指标体系。

一、实体企业高质量发展特征

构建针对实体企业的发展质量评价体系,科学、系统、有效地评价实体企业高质量发展是实现我国高质量发展的题中应有之义。在探讨了实体企业高质量发展内涵的基础上,本书认为实体企业高质量发展是实体企业实现高质量创新发展、高质量财务信息、高质量效益创造、高质量绿色共享的一种综合性目标状态。

(一) 高质量创新发展是实体企业高质量发展的动力源泉

习近平总书记指出,要坚持创新在我国现代化建设全局中的核心地位,高质量发展是创新成为第一动力的发展。然而,创新能力不强是我国实体经济发展的"阿喀琉斯之踵",创新发展对实体企业来说不仅仅是发展问题更是生存问题,高质量创新发展是实体企业高质量发展的动力源泉。创新作为企业实现可持续发展的核心要素,是引领实体企业转型升级、培育竞争优势的重要引擎。同以往追求高速度增长不同,实体企业高质量发展不仅仅要有量的优势,还要在产品和服务的质上取得优势,只有以创新作为发展的动力源泉才能提高技术含量,获得市场竞争力。

(二) 高质量财务信息是实体企业高质量发展的成果体现

会计信息是评价经济运行和发展质量的重要依据(王竹泉等,2021),高质量财务信息是实体企业实现高质量发展的成果体现。企业高质量发展是一个微观概念,从微观会计信息角度刻画企业发展质量更具有精准性,财务指标能够直观反映企业的发展程度。经济发展往往与财务信息之间相互影响,企业经营管理活动的提升促进了对财务信息的需求,而及时提供会计信息又不断推进企业经营管理活动的完善,高质量财务信息不仅是实体企业高质量发展的成果体现,还能够进一步推动实体企业高质量发展。

(三) 高质量效益创造是实体企业高质量发展的重要途径

在激烈的市场竞争中,富有竞争力的企业才能行稳致远,提高实体企业效益创造质量是企业获取竞争力的有效手段,也是实现高质量发展的重要途径。高质量的效益创造意味着企业的产品服务质量优质,拥有高比例市场占有率,开放发展程度高,市场发展前景明朗。实体企业只有不断提升产品服务质量,推动企业对外开放发展,才能形成更强的竞争优势,拥有独特的品牌价值,拥有可持续发展的能力。

(四) 高质量绿色共享是实体企业高质量发展的必然要求

绿色是高质量发展的底色,共享是高质量发展的目的。第一,"绿水青山就是金山银山",高质量发展是生态优先绿色发展。企业在追求经济增长的同时,更应追求经济增长的质量,以环境污染为代价实现经济增长的发展绝不是可持续发展。企业要提升节能减排、保护环境的意识和责任感,加快形成节约资源的生产方式,实现绿色发展。第二,价值共享、合作共赢是实体企业高质量发展最终追求的目标。社会共享意味着实体企业在实现高质量发展的过程中承担了更多的社会责任,在创造经济效益的同时创造着社会效益。

二、实体企业高质量发展评价指标遴选

遴选基础指标集是构建实体企业高质量发展评价指标体系的基础,参考中国企业改革与发展研究会《企业高质量发展评级指标》、王瑶等(2021)的理论研究,结合我国发展实践和实体企业特征,遵循评价指标体系构建的科学性、系统性、动态性、数据可得性原则,初步构建

包含高质量创新发展、高质量财务信息、高质量效益创造以及高质量绿色共享4个一级指标、11个二级指标以及20个三级指标的实体企业高质量发展评价指标体系,各指标计算公式如表3-1所示。

表3-1 实体企业高质量发展评价指标遴选

一级	二级	三级	具体计算方法
高质量创新发展	创新投入	研发投入强度 Q1	企业研发投入/营业收入
		研发人员比例 Q2	企业研发人员量/全部职工总量
	创新产出	人均专利占有 Q3	专利授权数/职工人数
		专利授权数量 Q4	专利授权数的对数
高质量财务信息	资产结构	经营资产结构 Q5	(固定资产+在建工程)/总资产
		无形资产密度 Q6	无形资产净额/固定资产净额
	偿债能力	流动比率 Q7	流动资产/流动负债
		资产负债率 Q8	负债总额/资产总额
	营运能力	总资产周转率 Q9	营业收入/平均总资产
		毛利率 Q10	(营业收入-营业成本)/营业收入
	盈利能力	总资产收益率 Q11	净利润/平均总资产
		净资产收益率 Q12	净利润/平均净资产
	发展能力	营业收入增长率 Q13	本期营业收入增加额/上期营业收入
		资本积累率 Q14	当年所有者权益增加额/年初所有者权益
高质量效益创造	产品服务	市场占有率 Q15	企业营业收入/所属行业营业收入
		销售利润率 Q16	净利润/营业收入
	开放发展	海外业务收入 Q17	海外业务收入取对数
		对外投资 Q18	海外关联公司净利润取对数
高质量绿色共享	绿色发展	环境保护意识 Q19	环保投资金额取对数
	社会共享	社会捐赠数量 Q20	社会捐赠总额取对数

(一) 高质量创新发展指标遴选

企业的创新能力主要由创新投入和创新产出进行衡量。创新投入是指对新产品、新工艺、固定资产改造等进行投入。本书选择研发投入强度和研发人员比例这两个指标衡量创新投入,其中,研发投入强度反映了企业当年投入了多少研发资金;研发人员比例反映了企业科研人员投入的比例。创新投入高并不意味着创新产出高,因而还需从创新产出维度衡量创新发展程度。企业创新产出表现为创新所带来的新产品、新技术、新工艺,反映为企业的专利技术,由人均专利占有及专利授权数量两个指标进行衡量。

(二) 高质量财务信息指标遴选

实体企业高质量发展应表现为企业资产结构合理化、偿债能力、营运能力、盈利能力及发展能力的不断优化和提升。

第一,维持合理的资本结构对企业生产经营和持续发展具有重要意义,是企业重要的财务决策之一(张永冀等,2016)。合理的资产结构可以提高企业经营业绩、防范风险,而不合理的资产结构则会降低企业资源利用效率导致企业业绩下滑最终陷入财务困境(Ambrose等,1992;Campello等,2013)。本书选择经营资产结构和无形资产密度对企业资产结构进行衡量。经营资产结构指企业资产的配置结构,是企业战略决策的选择,一般按照经营资产结构可将企业划分为重资产企业和轻资产企业(张新民等,2019);企业无形资产密度是指企业在无形和有形资产之间的配比,影响企业的生产技术、投资结构及市场价值(方明月,2018)。

第二,企业偿债能力可以体现企业偿还债务、化解风险的能力,偿债能力越强意味着企业财务风险越低,陷入财务困境的可能性越低(王瑶等,2021)。本书选择流动比率和资产负债率分别对企业短期偿债能力和长期偿债能力进行衡量。

第三,提升盈利能力和长期发展能力的基础需要提高企业的营运能力,本书选取总资产周转率和毛利率衡量企业营运能力。总资产周转率是考察资产运营效率的重要指标之一,体现了企业持续经营期间资产从投入到产出的流转速度,反映了企业管理、利用资产的能力和效率;毛利率在影响销售收入中利润含量的同时还决定了企业在研究开发、广告销售的投入空间,毛利率越高意味着企业提供的产品越高端,有利于推动企业可持续发展。

第四,本书选择总资产收益率和净资产收益率作为衡量盈利能力的三级指标,总资产收益率体现了资金利用效果及资产运用效率之间的关系,确定企业盈利的稳定性和持久性,反映企业综合经营管理水平;净资产收益率衡量公司利用股东投入资本的效率。同时,对总资产收益率和净资产收益率进行分析,根据二者之间的差距可以反映公司经营风险程度的高低。

第五,发展能力是一个企业能够立足长远、持续发展必备的条件,本书选择营业收入增长率和资本积累率作为衡量发展能力的三级指标。营业收入增长率是评价企业发展能力和成长状况的重要指标,体现企业的经营状况和市场占有情况,能够预测企业未来业务拓展的能力;资本积累率可以表征企业资本的积累能力,反映投资者投入资本的保值性和增长性。

(三) 高质量效益创造指标遴选

高质量效益创造可以体现为企业产品服务质量佳以及开放发展能力优。以市场占有率和销售利润率表征企业产品服务质量。市场占有率是评价企业是否具有核心竞争力最重要的指标之一,销售利润率反映企业销售收入的收益水平。以海外业务收入和对外投资两个指标衡量企业开放发展程度。

（四）高质量绿色共享指标遴选

实现绿色发展、经营成果由社会共享是企业可持续发展的必经之路。以环境保护意识作为衡量绿色发展的三级指标,利用企业环保投资金额来衡量企业环境保护意识,投入的金额越大代表企业环境保护意识越强。以社会捐赠数量衡量企业是否进行社会共享,体现企业承担社会责任的能力。

第二节 实体企业高质量发展指数构建方法

在定义实体企业高质量发展、遴选实体企业高质量发展评价指标的基础上,本节将选用客观和主观综合赋权的方法,利用因子分析法和层次分析法构建实体企业高质量发展评价指数。

一、指数构建的方法选择

在实体企业高质量发展评价指标遴选的基础上,进一步选择适当方法对指标进行综合处理,其核心内容是对指标权重进行计算,综合评价指标赋权的方法包括主观赋权法和客观赋权法。主观赋权法根据主观经验设定指标权重,是一种定性的评价方法,常用的方法包括层次分析法、专家打分法等,其优点在于专家可以根据实际情况对指标进行较为合理的排序,在一定程度上能够有效确定指标的重要程度,但是其主观随意性较强。而客观赋权法则是运用统计数学方法根据各项指标的内在联系来确定指标权重,是一种定量的评价方法,常用的方法有因子分析法、熵权法、灰色关联分析法等。

无论是主观赋权法还是客观赋权法均存在一定的片面性,采用组合评价方法可以减少使用单一方法带来的偏差,使构建的指标体系不仅更符合实际情况,且有利于提高评价结果的客观性(李向春等,2017)。参考李旭辉(2016)、刘利平等(2017)、马宗国等(2020)学者的研究,本书选择因子分析法和层次分析法组合赋权方法进行实体企业高质量发展的综合评价。因子分析法利用降维的思想,使用较少指标综合变量间的相关关系。影响企业高质量发展的因素众多,变量间可能存在多重共线性,因子分析法通过对指标降维处理,将具有重叠的信息归结为少数几个不相关的因子,既保证信息的全面真实,又避免了各因素共线性的问题。层次分析法通过对评价目标进行逐层分解,经过专家判断各项指标权重,能够充分考虑指标的现实意义。层次分析法基于层次结构模型,通过各专家对指标两两相互比较确定判断矩阵,能够增加指标体系构建的有效性,同时相较于主观赋权法,客观赋权法能够避免评价主体的主观性,因子分析法对层次分析法缺乏的客观性进行了弥补,因而利用综合评价方法可以确保评价结果更加合理、科学、有效(马宗国等,2020)。

二、指数构建的步骤

本书选择主观、客观结合的组合赋权方法对指标权重进行计算,基于前面初步构建的实体企业高质量发展评价指标体系,利用因子分析方法对上面构建的实体企业高质量发展评价指标体系进行降维,消除指标间的重复信息,并对公共因子进行命名,从而建立实体企业高质量发展评价层次结构模型,得到包含三个层次的结构模型后,进一步利用因子分析法和层次分析法进行赋权,最后借鉴部分学者的做法,取两种方法计算出权重的算术平均数作为最终实体企业高质量发展指数的组合权重系数(李旭辉,2016)。

(一) 因子分析法计算指标权重的步骤

1. 指标正向化处理

指标可分为正向指标、适度指标和负向指标,在开始进行因子分析前首先应进行指标的正向化处理,本书选取的指标中除经营资产结构(Q5)和资产负债率(Q8)为适度指标,其余指标均为正向指标。借鉴郭翠荣等(2012)指标的同向化处理方法,适度指标可进行如下处理:

$$Q' = \frac{1}{1 + | Q - mean(Q) |} \tag{3.1}$$

其中,Q'为调整后指标值,Q为调整前指标值,$mean(Q)$为指标的均值。

2. 指标数据标准化

本书利用 SPSS 26.0 软件进行因子分析,SPSS 26.0 软件在进行因子分析时会自动进行指标标准化处理。

3. 变量相关性检验

变量相关性检验通常选择 KMO 检验和 Bartlett's 球度检验,KMO 值越接近于1,变量间的相关性越强。一般认为,KMO 值大于0.5,原有变量适合进行因子分析。Bartlett's 检验对应的 P 值若小于给定的显著性水平,则拒绝相关系数矩阵为单位矩阵的原假设,说明原有变量适合进行因子分析。

4. 建立因子载荷矩阵提取公共因子

因子载荷矩阵估计方法中最普遍的是主成分分析法。利用主成分分析法,根据特征根、因子累计方差贡献率确定因子数。对提取的公共因子建立原始因子载荷矩阵,采用方差最大旋转法对原始矩阵进行旋转得到旋转后的因子载荷矩阵,并依据旋转后的因子载荷矩阵对公共因子重新进行命名,从而建立实体企业高质量发展评价层次结构模型 M。

5. 计算因子得分和综合评价得分

通常采用最小二乘回归方法进行估计,得出因子得分系数矩阵,并通过计算各因子的信息贡献率作为权重。

(二) 层次分析法计算指标权重的步骤

1. 构建层级结构模型

上面通过因子分析法第四步构建的模型 M 为实体企业高质量发展评价层次结构模型。

2. 构建比较判断矩阵

选择 5 名高校教授组成专家组对各层指标的权重进行设定,通过每一层级指标相较于上一层级的重要性程度两两进行对比,按照 1—9 标度法进行对比赋值,各指标间关系如表 3-2 所示,其中介于表中所示标度的中间值为 2、4、6、8,指标 j 相比指标 i 的重要性应与指标 i 相比于指标 j 的重要性互为倒数,即 $A_{ji} = 1/A_{ij}$。

表 3-2 判断矩阵比较标度

指标重要性	A_{ij} 赋值
指标 i 与 j 同样重要	1
指标 i 比 j 稍微重要	3
指标 i 比 j 比较重要	5
指标 i 比 j 十分重要	7
指标 i 比 j 绝对重要	9

若含有 n 个指标,可以得到比较判断矩阵 $A = (a_{ij})_{n \times n}$,其中 a_{ij} 表

示指标 i 与指标 j 的重要性比值。

3. 一致性检验和计算权重

对比矩阵一致性程度的计算公式为：$CR = \dfrac{CI}{RI}$，其中 $CI = \dfrac{\lambda_{\max} - n}{n-1}$，$RI$ 为判断矩阵的随机一致性指标，可通过查表获得。若 CR 小于 0.1 时，判断矩阵 A 的一致程度可以被接受；而当 CR 大于等于 0.1 时，矩阵 A 的一致程度无法接受，需要调整两个指标间的重要性程度，直到满足 CR 小于 0.1 这一标准。

4. 根据层次结构进行综合评分

从上至下对各个层级分别进行计算，得到每一指标对于上一层的权重，经过逐层计算，最终确定最底层指标对于最上层的权重值。

第三节 实体企业高质量发展指数的测算

依据上面指标构建步骤，本节利用沪深 A 股上市公司数据，通过因子分析和层次分析组合赋权法对实体企业高质量发展指数进行测算，并基于实体企业高质量发展指数对我国实体企业高质量发展现状进行描述和分析。

一、实体企业高质量发展层次结构模型的建立

为与后面数据保持一致，本节分析将样本期间限定在 2008—2018 年，原因在于：一是 2019 年实施的金融工具准则对金融资产会计处理进行重大变更，二是 2020—2022 年受新冠疫情影响，企业数据可能出现偏误，为保证指标的可比性，将样本期间限定至 2018 年。由于部分

指标变量计算需用到上一期数据,为得到2008—2018年实体企业高质量发展指数,本书选取2007—2018年沪深A股非ST*上市公司,按照证监会2012年版行业分类剔除金融业和房地产业作为实体企业原始数据集进行实证分析,剔除部分缺失值和存在异常值的数据,数据来源于CSMAR数据库。表3-3显示了变量的描述性统计结果。本书使用SPSS 26.0软件和yaahp 10.0软件分别进行因子分析和层次分析。

表3-3 变量描述性统计

varname	N	mean	sd	max	min
Q1	17680	0.03	0.03	0.22	0.00
Q2	17680	0.05	0.09	0.56	0.00
Q3	17680	0.00	0.01	0.05	0.00
Q4	17680	0.36	1.04	5.10	0.00
Q5	17680	0.29	0.18	0.80	0.01
Q6	17680	0.31	0.46	5.16	0.00
Q7	17680	2.21	2.07	18.95	0.23
Q8	17680	0.43	0.20	0.98	0.05
Q9	17680	0.70	0.42	2.78	0.07
Q10	17680	0.27	0.16	0.83	−0.02
Q11	17680	0.04	0.05	0.23	−0.23
Q12	17680	0.07	0.10	0.45	−0.74
Q13	17680	0.17	0.33	3.15	−0.56
Q14	17680	0.17	0.38	3.68	−0.61
Q15	17680	0.02	0.05	0.48	0.00
Q16	17680	0.07	0.11	0.53	−0.79
Q17	17680	9.27	9.69	23.48	0.00
Q18	17680	1.71	4.93	19.42	0.00
Q19	17680	0.23	1.27	9.16	0.00
Q20	17680	0.57	1.57	7.44	0.00

数据来源:CSMAR数据库。

进行因子分析前首先对经营资产结构(Q5)和资产负债率(Q8)这两个适度指标进行正向化处理,处理后分别用 Q'_5 和 Q'_8 表示,并进行 KMO 检验和 Bartlett's 球度检验,检验结果显示 KMO 值为 0.664,Bartlett's 球度检验 Sig 值 = 0.000<0.05,说明本书的数据适合进行因子分析。

利用主成分分析法对因子进行提取,由表 3-4 可知旋转后特征值大于 1 的因子共有 8 个,累计方差贡献率约 67%,可以代表原始数据的大部分信息。在此基础上根据表 3-5 旋转后的成分矩阵对公因子进行命名。

表 3-4 方差贡献率

	初始特征值			提取载荷平方和			旋转载荷平方和		
	Total	Variance	Cumulative %	Total	Variance	Cumulative %	Total	Variance	Cumulative %
1	3.325	16.623	16.623	3.325	16.623	16.623	3.007	15.034	15.034
2	2.215	11.076	27.699	2.215	11.076	27.699	2.051	10.257	25.291
3	1.830	9.152	36.851	1.830	9.152	36.851	1.799	8.993	34.284
4	1.405	7.025	43.876	1.405	7.025	43.876	1.429	7.145	41.429
5	1.228	6.140	50.015	1.228	6.140	50.015	1.378	6.890	48.318
6	1.177	5.887	55.903	1.177	5.887	55.903	1.324	6.619	54.938
7	1.127	5.635	61.538	1.127	5.635	61.538	1.200	6.002	60.940
8	1.038	5.192	66.730	1.038	5.192	66.730	1.158	5.790	66.730

数据来源:SPSS 检验结果。

通过分析表 3-5 可以对提取的 8 个公因子的影响因素进行分类和命名。因子 F1 在总资产收益率 Q11、销售利润率 Q16、净资产收益率 Q12 和毛利率 Q10 上具有较高载荷,将 F1 命名为盈利营运因子;因子 F2 在研发投入强度 Q1、研发人员比例 Q2、总资产周转率 Q9 和市场占有率 Q15 上具有较高载荷,将 F2 命名为创新效益因子;因子 F3 在专利授权数量 Q4 和人均专利占有 Q3 上具有较高载荷,将 F3 命名为创新产出因子;因子 F4 在营业收入增长率 Q13 和资本积累率 Q14 上具有较高载荷,将 F4 命名为发展能力因子;因子 F5 在资产负债率 Q8 和流动比率 Q7 上具有较高载荷,将 F5 命名为偿债能力因子;因子 F6 在对外投资 Q18 和海外业务收入 Q17 上具有较高载荷,将 F6 命名为开放发展因子;因子 F7 在经营资产结构 Q5 和无形资产密度 Q6 上具有较高载荷,将 F7 命名为资产结构因子;因子 F8 在环境保护意识 Q19 和社会捐赠数量 Q20 上具有较高载荷,将 F8 命名为绿色共享因子。

表 3-5 旋转后成分矩阵

变量	F1	F2	F3	F4	F5	F6	F7	F8
Q11	.914	-.046	.019	.236	-.026	.043	.133	.059
Q16	.891	.107	.002	.073	-.109	-.051	-.092	-.001
Q12	.838	-.160	.023	.305	.092	.061	.096	.082
Q10	.664	.437	-.012	-.158	-.095	-.145	-.180	-.055
Q1	.117	.782	.121	-.003	-.123	.156	.055	-.022
Q2	-.015	.713	.042	.166	.090	.138	-.014	.109
Q9	-.055	-.531	-.008	.351	.076	.186	.431	.098
Q15	.131	-.432	-.003	-.094	.085	.313	-.343	.123
Q4	.006	.039	.943	.002	.020	.056	.032	.043
Q3	.018	.101	.940	.001	-.018	.005	.009	-.026
Q13	.134	.035	.012	.733	.046	.022	-.085	-.023
Q14	.178	.055	-.008	.688	-.019	-.027	-.070	-.019
Q′8	.101	.103	.001	-.012	.882	.001	.116	-.024
Q7	.312	.281	-.001	-.071	-.723	-.005	.116	-.078
Q18	.016	-.007	-.007	-.035	-.008	.781	-.109	-.023
Q17	-.086	.205	.083	.077	.004	.681	.245	.046
Q′5	.082	.149	.015	-.083	.028	.104	.710	-.140
Q6	.033	.197	-.031	.189	-.010	.078	-.433	-.181
Q19	-.070	.118	-.006	.088	-.036	-.090	.094	.786
Q20	.151	-.102	.021	-.128	.067	.128	-.116	.651

数据来源:SPSS 检验结果。

通过提取、分析、命名公因子,由此将初步构建的实体企业高质量发展评价指标体系构建成以包含8个公因子为二级指标,包含20个变量为三级指标的实体企业高质量发展评价层级模型 M,如表 3-6 所示。

表 3-6 实体企业高质量发展评价层级模型

一级	二级	三级
实体企业高质量发展	盈利营运因子 F1	总资产收益率 Q11
		销售利润率 Q16
		净资产收益率 Q12
		毛利率 Q10
	创新效益因子 F2	研发投入强度 Q1
		研发人员比例 Q2
		总资产周转率 Q9
		市场占有率 Q15
	创新产出因子 F3	专利授权数量 Q4
		人均专利占有 Q3
	发展能力因子 F4	营业收入增长率 Q13
		资本积累率 Q14
	偿债能力因子 F5	资产负债率 Q8
		流动比率 Q7
	开放发展因子 F6	对外投资 Q18
		海外业务收入 Q17
	资产结构因子 F7	经营资产结构 Q5
		无形资产密度 Q6
	绿色共享因子 F8	环境保护意识 Q19
		社会捐赠数量 Q20

二、实体企业高质量发展指数因子权重计算

(一) 因子分析法确定权重

运用最小二乘回归法得出实体企业高质量发展的因子得分系数矩阵,如表3-7所示,可以得到8个公因子的表达式。

表3-7 成分得分系数矩阵

	F1	F2	F3	F4	F5	F6	F7	F8
Q1	-.008	.379	.002	.004	-.018	.100	.043	.019
Q2	-.071	.391	-.039	.140	.115	.069	-.022	.127
Q3	-.003	-.021	.531	.000	-.011	-.045	-.028	-.037
Q4	-.003	-.047	.532	-.006	.006	-.011	-.014	.015
Q′5	.052	.068	-.033	-.099	.032	.040	.596	-.122
Q6	-.028	.092	-.016	.154	.017	.087	-.374	-.153
Q7	.069	.053	-.018	-.042	-.503	.019	.126	-.027
Q′8	.092	.133	-.020	-.092	.695	-.035	.077	-.062
Q9	-.032	-.251	.005	.234	-.046	.098	.336	.046
Q10	.238	.175	-.025	-.190	.036	-.083	-.122	-.034
Q11	.307	-.072	.002	.036	.008	.024	.115	.017
Q12	.282	-.113	.012	.088	.077	.032	.076	.027
Q13	-.063	.036	.004	.544	-.006	-.022	-.092	-.024
Q14	-.045	.039	-.006	.511	-.046	-.055	-.071	-.015
Q15	.092	-.234	.024	-.124	.032	.277	-.314	.055
Q16	.307	-.006	-.003	-.064	-.018	-.021	-.061	-.018
Q17	-.043	.098	-.013	.032	-.021	.495	.155	.018
Q18	.025	-.028	-.039	-.075	-.025	.620	-.146	-.064
Q19	-.077	.117	-.028	.092	-.066	-.127	.089	.710
Q20	.065	-.028	.003	-.134	.028	.082	-.103	.551

数据来源:SPSS检验结果。

以各个公因子信息贡献率作为权重得出实体企业高质量发展指数

F-1,公式如下：

$$F - 1 = 0.225F1 + 0.154F2 + 0.135F3 + 0.107F4 + \\ 0.103F5 + 0.099F6 + 0.090F7 + 0.087F8 \quad (3.2)$$

（二）层次分析法确定权重

选择5名高校教授组成专家组各自对各层指标的权重进行设定，各层指标两两进行对比，按照1—9标度法进行赋值，最后选用各专家排序向量加权算术平均方法对专家数据进行集结。本书运用yaahp 10.0软件进行综合测评。

根据5位专家设定的指标权重对比值构建出相应判断矩阵，并进行一致性检验，经检验CR值均小于0.1，说明专家组设定指标组成的矩阵具有相对一致性，计算出的权重有效，根据yaahp 10.0软件计算结果得到通过层次分析法计算权重得出的实体企业高质量发展指数F-2,公式如下：

$$F - 2 = 0.210F1 + 0.156F2 + 0.166F3 + 0.129F4 + \\ 0.121F5 + 0.077F6 + 0.077F7 + 0.064F8 \quad (3.3)$$

（三）指数因子权重的确定

通过运用因子分析和层次分析组合赋权法确定实体企业高质量发展影响因子的权重，并通过计算两种方法的算术平均数得到最终的因子权重，结果如表3-8所示。

表3-8 因子权重的确定

因子	因子分析法下确定的权重	层次分析法下确定的权重	组合赋权
F1	0.225	0.210	0.218
F2	0.154	0.156	0.155

续表

因子	因子分析法下确定的权重	层次分析法下确定的权重	组合赋权
F3	0.135	0.166	0.150
F4	0.107	0.129	0.118
F5	0.103	0.121	0.112
F6	0.099	0.077	0.088
F7	0.090	0.077	0.084
F8	0.087	0.064	0.075
合计	1.000	1.000	1.000

为保证因子分析法和层次分析法计算的权重结果具有一致性，本书采用 Kendall-W 协调系数进行一致性检验。利用 SPSS 26.0 得到的结果显示，双侧渐进显著性 P 值=0.054<0.1，Kendall 系数为 0 的原假设不成立，两种方法计算的权重结果具有一致性。同时，Kendall-W 系数为 0.988>0.8，接近于 1，说明两种方法计算的权重结果一致性水平很高，数据结果可信。对两种方法求得的权重取算数平均数最终得到组合赋权的因子权重，因而实体企业高质量发展指数（High-quality development, HQD）的计算公式为：

$$HQD = 0.218F1 + 0.155F2 + 0.150F3 + 0.118F4 + \\ 0.112F5 + 0.088F6 + 0.084F7 + 0.075F8 \quad (3.4)$$

三、基于实体企业高质量发展指数的现状分析

根据实体企业高质量发展指数计算公式（3.4）可以得到每个样本实体企业的高质量发展指数 HQD_{it}，表示实体企业 i 在第 t 年的高质量发展水平，该指数越高，说明实体企业高质量发展水平越高；反之，该指数越低，说明实体企业高质量发展水平越低。

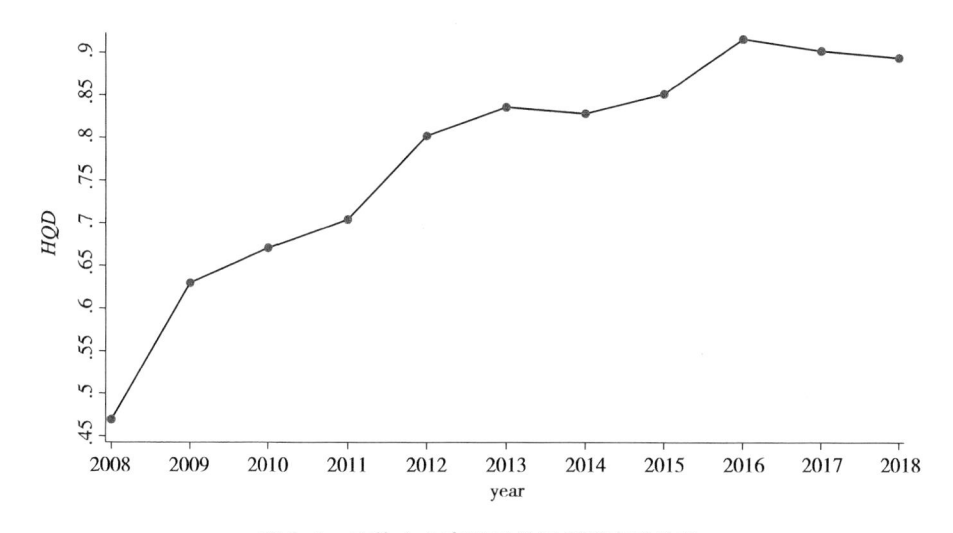

(一) 实体企业高质量发展指数变动趋势

图 3-1 显示了 2008—2018 年我国实体企业高质量发展指数均值的变动趋势,可以看出 2008—2018 年我国实体企业高质量发展指数整体呈现波动上升的变化态势,2008 年我国实体企业高质量发展指数均值最低为 0.47,波动上升至 2018 年均值为 0.89,我国实体企业高质量发展态势整体向好,但我国实体企业高质量发展水平尚需提高。

图 3-1 实体企业高质量发展指数变动趋势

具体来看,2008—2013 年我国实体企业高质量发展指数均值呈上升趋势,于 2013—2014 年出现暂时回落,于 2014—2016 年继续上升,并于 2016 年达到 2008—2018 年实体企业高质量发展指数均值最大值 0.92,随后于 2016—2018 年再次出现回落。通过分析这 10 年实体企业高质量发展态势可以看出,我国实体企业高质量发展受到国际国内环境影响出现波动。首先,由于受 2008 年国际金融危机影响,我国实体企业高质量发展指数均值在 2008 年处于较低水平;其次,2012 年我国出台政策措施大力"调结构",实体企业发展在 2013 年放缓,随后又呈现持续增长；最后，受国际金融危机影响，2018年前后我国实体企业发展态势出现回落。虽然受国际国内环境变化影响，我国实体企业高质量发展出现过短期小幅度回落，但总体来看，2018年我国实体企业高质量发展态势相较于2008年有了大幅度提升，但是我国实体企业高质量发展水平尚需进一步提高，如何进一步推动实体企业高质量发展是当前亟待解决的问题。

（二）各行业实体企业高质量发展差异显著

将样本实体企业按所属行业进行分类，通过计算各年各行业实体企业高质量发展指数平均值进行分析，以2018年为例，最低值是铁路运输业为0.12，最高值是文教、工美、体育和娱乐用品制造业为1.32，最高值是最低值的11倍。通过分析可以发现，我国实体企业高质量发展水平在不同行业间差异显著。

（三）各区域实体企业高质量发展不均衡

第一，为分析我国不同地区实体企业高质量发展状况，依据上面构建的实体企业高质量发展指数对2008—2018年我国31个省份（直辖市）实体企业高质量发展状况进行测度，具体结果如图3-2所示。

从图中可以看出，大部分区域实体企业高质量发展指数呈波动式上升趋势，只有少部分区域的实体企业高质量发展指数在2008—2018年没有得到增长。整体来看，我国各省（市）实体企业高质量发展水平还需提高，其中上海、北京、天津等地实体企业高质量发展状况较为稳定，宁夏、甘肃等地实体企业高质量发展状况需进一步提高。

第二，将我国31个省份（直辖市）分为东部、中部、西部三大区域进行分析，如表3-9所示，通过计算不同区域实体企业高质量发展指数的均值可以看出我国实体企业高质量发展大致呈现东部地区、中部

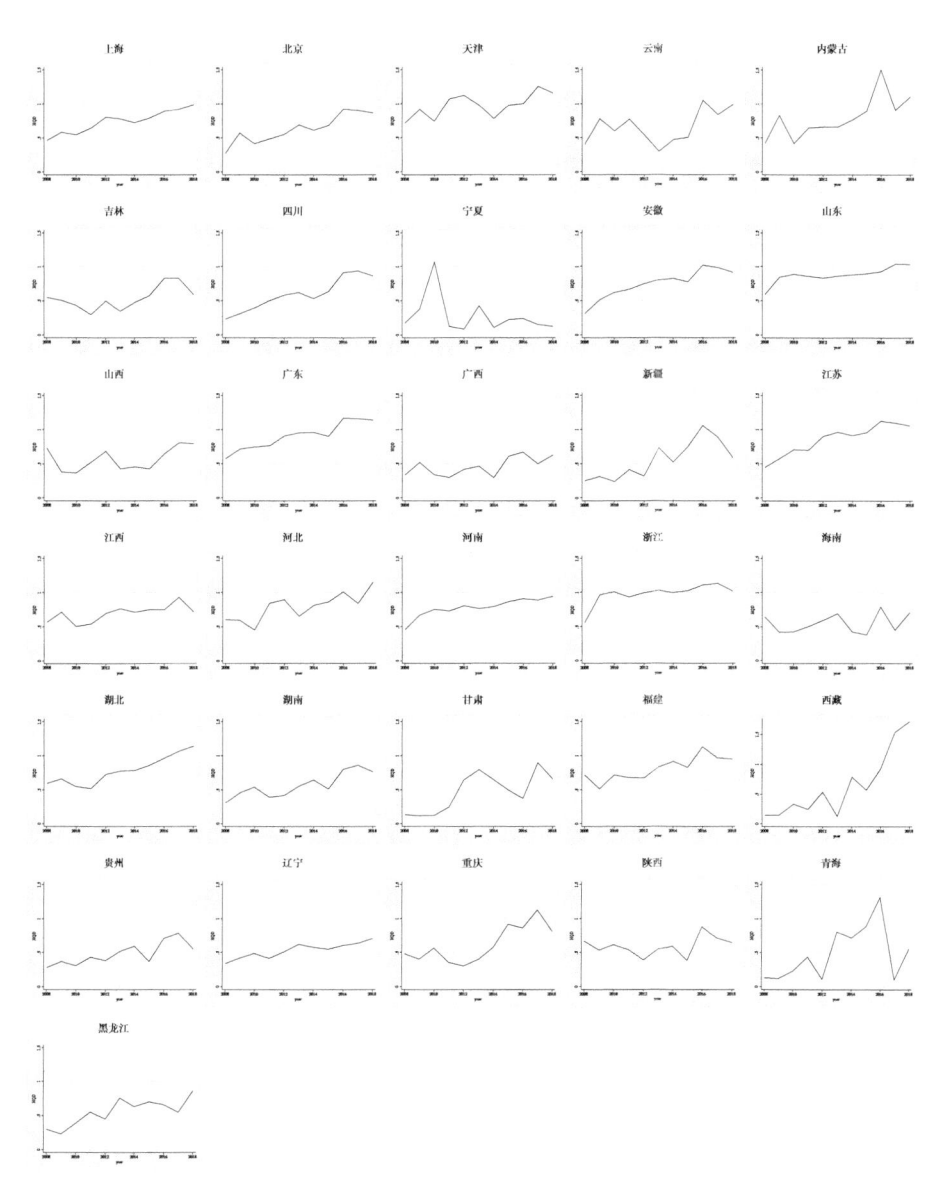

图 3-2 2008—2018 年各省份(直辖市)实体企业高质量发展变化情况

地区、西部地区依次递减的区域非均衡态势,这与我国区域发展现状相一致,主要是由于我国地域资源分配不均匀导致各区域发展状况不同造成的。同时,通过分析方差可知,最为发达的东部地区方差最大,企业间发展状况差异更大,其次为中部地区,最后为西部地区。可见,越是发达地区,企业越呈现发展多样性;越是欠发达地区,由于区域的资源限制,造成企业之间发展差异并不明显。

表3-9 分区域实体企业高质量发展指数

区域	平均值	方差	最小值	最大值
东部地区	0.89	0.68	-0.37	2.67
中部地区	0.66	0.66	-0.40	2.65
西部地区	0.57	0.63	-0.37	2.47

第四节 本章小结

计算实体企业高质量发展指数是构建实体企业高质量发展研究框架的起点,本章基于实体企业高质量发展内涵,通过分析实体企业高质量发展的特征,对实体企业高质量发展的评价指标进行遴选,通过因子分析和层次分析组合赋权法构建实体企业高质量发展指数,并对当前我国实体企业现状进行分析,研究发现2008—2018年我国实体企业高质量发展指数呈上升趋势,但整体来看我国实体企业高质量发展指数还需提高,在不同行业、不同区域间存在显著差异。

第 四 章

资产收益率宽幅度影响实体企业高质量发展的实证分析

第二章第二节和第三节通过理论模型和理论分析提出投资持有投资性房地产等金融资产获取高收益率而投资持有经营资产获取低收益率的资产收益率宽幅度现象将抑制实体企业高质量发展。那么,资产收益率宽幅度对实体企业高质量发展真的存在抑制作用吗?对于不同类型的实体企业,这样的影响是否存在异质性呢?资产收益率宽幅度是通过何种路径影响实体企业高质量发展的呢?本章将利用两步系统GMM方法,通过构建动态面板模型进行分组回归、构建中介效应模型对以上问题进行实证检验。

第一节　资产收益率宽幅度影响实体企业高质量发展的实证检验

资产收益率宽幅度是否是影响实体企业高质量发展的内部因素?资产收益率宽幅度究竟对实体企业高质量发展产生怎样的影响?这是

本章首先要回答的问题。本节将通过构建动态面板模型,利用两步系统 GMM 估计方法对上述问题进行实证检验,为进一步深入研究资产收益率宽幅度与实体企业高质量发展之间的关系奠定基础。

一、动态面板模型设定

(一)研究设计

基于第二章第三节中对资产收益率宽幅度抑制实体企业高质量发展的理论分析,同时考虑到实体企业高质量发展具有显著的动态连续性,即前一期企业高质量发展往往会对下一期企业高质量发展产生影响,本书将引入被解释变量的滞后一期项,构建如下动态面板模型实证检验资产收益率宽幅度对实体企业高质量发展的影响。

$$HQD_{it} = \alpha_0 + \alpha_1 HQD_{it-1} + \alpha_2 RS_{it} + \alpha_3 size + \alpha_4 labor + \alpha_5 liquidity + \alpha_6 cash + \alpha_7 bigr + \alpha_8 aslbrt + \mu_i + \omega_t + \varepsilon_{it} \quad (4.1)$$

由于解释变量中加入了被解释变量的滞后一期项可能导致模型产生内生性问题,同时,遗漏变量、测量误差等问题的存在会加剧内生性问题,此时若选用固定效应模型、随机效应模型等常规方法进行估计将会得到非一致估计量,导致估计结果失效(谢家智等,2014)。Arellano 和 Bond 于 1991 年提出动态面板模型 GMM 估计,通过对模型进行一阶差分消除固定效应影响,同时增加更多可用的工具变量从而得到一致的估计量,GMM 估计与传统方法相比具有更高的估计效率。系统广义矩阵估计即系统 GMM 在差分 GMM 和水平 GMM 的基础上调整了滞后水平项及滞后差分项,提高了估计效率,具有更好的有限样本性质,同时可以估计不随时间变化的变量系数。系统 GMM 进一步可划分为一步系统 GMM 和两步系统 GMM,由于两步系统 GMM 适用于判断工具变量矩阵是否合适,还可以带来一定的效率改善,因而本书选择两步系统 GMM 估计技术对动态面板进行估计。

使用两步系统 GMM 需要通过两个假设检验,首先由于动态面板模型基于工具变量法,因而在应用时需要进行过度识别检验,通常采用更加稳健的 Hansen 检验,检验结果的 P 值应大于 0.1,即拒绝工具变量满足外生性的检验,说明工具变量满足内生性条件;其次需要进行误差项的自相关检验,检验结果若是误差项的一阶差分存在自相关而不存在二阶自相关则满足检验条件。

(二) 变量选取

公式(4.1)中被解释变量为实体企业高质量发展指数(HQD),该指标以第三章中运用综合指标赋权法计算的实体企业高质量发展指数进行衡量,该指数越大代表实体企业发展质量越好。主要解释变量为资产收益率宽幅度(RS),度量方法与第一章中度量资产收益率宽幅度的方式一致。由于企业高质量发展具有动态变化特征,解释变量还引入被解释变量实体企业高质量发展指数滞后一期项。根据陈昭等(2019)、陈丽姗等(2019)、刘冬冬(2022)的研究,影响实体企业发展质量的因素还包括企业具备的原始特征、基础条件、财务状况等,因而本书选取以下变量作为控制变量,包括:企业规模(size),利用总资产的自然对数进行衡量;企业劳动力规模(labor),以员工数量的自然对数进行计算;流动比率(liquidity),通过流动资产除以流动负债进行衡量;企业经营现金流(cash),等于经营活动产生的现金流净额除以营业利润;第一大股东持股比例(bigr);企业资产负债率(aslbrt),以总负债除以总资产为代理变量。μ_i 表示公司个体固定效应,同时为控制宏观环境及经济政策等不可观测因素随时间变动对实体企业高质量发展产生的影响,模型引入时间效应 ω_t。ε_{it} 为与个体效应和时间效应无关的随机误差项。

(三) 样本选择和数据来源

由于2007年会计准则正式在上市公司实施,2019年企业会计准则对金融资产会计处理进行重大变更,2020—2022年由于新冠疫情冲击企业投资行为可能会受到影响从而产生偏误,为保证指标的可比性和连续性,本书将样本期间限定在2008—2018年。利用2008—2018年沪深A股上市公司作为初始样本,按照证监会2012年版行业分类剔除金融业和房地产业数据,剔除部分缺失值和存在异常值的数据,剔除ST类上市公司数据,数据来源于CSMAR数据库。为减轻异常值对结果的影响,对所有连续变量按照上下1%进行了Winsorize处理,同时为进一步消除企业个体效应导致的异方差问题,均进行了Robust稳健标准误处理。

二、基准回归结果与分析

(一) 描述性统计分析

表4-1列示了变量的描述性统计结果,其中资产收益宽幅度均值为6.96%,说明2008—2018年我国实体企业金融资产收益率平均高于经营资产收益率6.96个百分点,整体来看实体企业的金融资产收益率和经营资产收益率之差大于0,我国实体企业存在资产收益率宽幅度现象。实体企业高质量发展指数均值为0.7875,整体来说我国实体企业高质量发展状态良好,但是发展指数均值并不高,距离实现经济高质量发展仍具有一定差距。其余控制变量结果不进行具体说明。

表 4-1　变量描述性统计

varname	mean	sd	min	max
HQD	0.7875	0.6778	-0.3986	2.6736
RS	0.0696	0.2771	-0.9670	1.4981
size	21.9132	1.1664	19.1781	26.0909
labor	7.7187	1.1706	3.7377	11.2510
liquidity	2.1919	2.1404	0.2282	18.9525
cash	1.1403	5.6215	-20.7398	32.0484
bigr	0.3567	0.1472	0.0873	0.7542
aslbrt	0.8652	0.0781	0.7005	0.9971

数据来源：CSMAR 数据库。

（二）主回归结果分析

表 4-2 列示了资产收益率宽幅度影响实体企业高质量发展的实证结果。其中，第（1）列至第（3）列是基于 Bond 等（2001）的思想对 GMM 估计有效性进行检验的结果，对未纳入解释变量 RS 的模型同时采用混合 OLS、固定效应和 GMM 三种方法进行估计。由于一般情况下混合 OLS 会高估滞后项系数，固定效应会低估滞后项系数，因而两种方法决定了滞后项真实估计值的上、下限。当滞后项 GMM 估计值介于两种方法之间时，认为 GMM 估计是可靠有效的。第（3）列 HQD 一期滞后项的估计值介于混合 OLS 和固定效应估计值之间，符合上述关于 GMM 有效性的判断标准。

表 4-2　资产收益率宽幅度与实体企业高质量发展

变量	（1） OLS	（2） FE	（3） GMM	（4） GMM
L.HQD	0.8847*** (157.8693)	0.2746*** (12.1681)	0.5736*** (10.6686)	0.7087*** (10.7864)

续表

变量	(1) OLS	(2) FE	(3) GMM	(4) GMM
RS				-1.6375***
				(-5.3105)
size	-0.0012	0.0861***	-0.2400	0.0014
	(-0.2248)	(4.1108)	(-1.2615)	(0.0170)
labor	0.0193***	0.0215	0.0676	-0.0139
	(3.9458)	(1.3341)	(0.4409)	(-0.1981)
liquidity	0.0012	-0.0302***	-0.1288	-0.0526***
	(0.5447)	(-7.2632)	(-1.5337)	(-2.6707)
cash	0.0007	0.0005	0.0068	-0.0017
	(1.2098)	(0.8643)	(0.3932)	(-1.0718)
bigr	-0.0692***	-0.0576	0.6740	-0.4370
	(-2.6967)	(-0.5576)	(1.2026)	(-0.8501)
aslbrt	0.1118**	0.1874*	-0.3085	0.1089
	(2.2058)	(1.8751)	(-0.2679)	(0.3966)
_cons	0.0201	-1.5618***	5.5091	0.4728
	(0.1710)	(-3.7676)	(1.3117)	(0.3273)
Observations	7866	7866	7866	7,866
Number of code	1928	1928	1928	1928
Year	Yes	Yes	Yes	Yes
Hansen test			0.790	0.122
AR(1)Test			0.000	0.001
AR(2)Test			0.935	0.471

注：括号中为相应的 t 统计量，***、**、* 分别表示 1%、5%和 10%的显著性水平(下同)。
数据来源：根据 Stata 检验结果作者手工整理所得。

第(4)列是公式(4.1)引入解释变量 RS 的两步系统 GMM 估计结果，首先模型通过 Hansen 过度识别检验，P 值为 0.122，不能在 10%显著性水平上拒绝原假设，说明选择的工具变量整体有效，同时 AR(1)P

值为 0.001，$AR(2)$ P 值为 0.471，通过扰动项自相关检验，因此 GMM 估计结果有效可靠。在引入资产收益率宽幅度的估计结果中，RS 的估计系数在 1% 的水平上显著为负，说明在样本研究期间，资产收益率宽幅度拉大改变了企业的投融资偏好，导致企业行为异化，引导企业资金更多流向金融领域，加大企业金融风险，对实体投资产生"挤出效应"，降低企业经营绩效，减少企业创新投入，不利于企业形成核心竞争力，抑制了实体企业高质量发展，结果验证了本书的研究假设 H1。其他变量结果与已有研究基本一致。

三、稳健性检验

（一）替换被解释变量的稳健性检验

本书的被解释变量实体企业高质量发展指数是运用多指标综合评价法得到的，目前已有研究中衡量实体企业高质量发展的另一种方法是单一指标法。通过梳理现有文献可以发现，多数学者采用全要素生产率这一指标衡量企业高质量发展，实现创新、协调、绿色、开放、共享的新发展理念的关键在于全要素生产率的稳定提升，实现全要素生产率的提升是实现高质量发展的核心源泉（刘志彪等，2020），因而本书将利用单一指标全要素生产率（TFP）替代被解释变量实体企业高质量发展指数（HQD）构建面板模型和动态面板模型，分别利用固定效应和两步系统 GMM 方法进行估计。衡量全要素生产率的方法包括最小二乘法、OP 法（Olley 等，1996）、LP 法（Petrin，2003）等。不同方法的估计结果存在较大差异，OP 法和 LP 法在解决样本选择和内生性等问题方面更具有优势（鲁晓东等，2012），因而分别利用 OP 法和 LP 法对全要素生产率进行计算。

表 4-3 替换被解释变量的稳健性检验

变量	(1) OP-FE	(2) OP-GMM	(3) LP-FE	(4) LP-GMM
L.TFP_OP		0.7673*** (10.9963)		
L.TFP_LP				0.8449*** (11.9071)
RS	-0.0467*** (-3.8146)	-0.8300*** (-3.6700)	-0.0505*** (-3.9708)	-1.0987*** (-4.5185)
size	0.5931*** (23.2708)	0.1526*** (2.7624)	0.4884*** (18.5384)	0.1220** (2.1795)
labor	-0.4023*** (-21.3461)	-0.0378 (-0.7460)	-0.0753*** (-3.9744)	-0.0271 (-0.4354)
liquidity	-0.0111*** (-3.6751)	-0.0291*** (-3.0690)	-0.0045 (-1.4374)	-0.0366*** (-3.6808)
cash	-0.0002 (-0.3201)	0.0096 (1.2189)	-0.0003 (-0.5718)	0.0070 (0.8714)
bigr	0.3135*** (2.8721)	0.6253* (1.9420)	0.3217*** (2.8137)	0.4959 (1.4512)
aslbrt	0.3240*** (3.5554)	-0.3259 (-1.1087)	0.3642*** (3.8477)	-0.3519 (-1.1157)
_cons	3.0089*** (5.9164)	0.3105 (0.3523)	2.6686*** (5.1070)	-0.0463 (-0.0489)
Observations	11322	9197	11322	9197
Year	Yes	Yes	Yes	Yes
Hansen test		0.612		0.382
AR(1)Test		0.000		0.000
AR(2)Test		0.204		0.238

数据来源:根据 Stata 检验结果作者手工整理所得。

表 4-3 是替换被解释变量的检验结果,(1)(2)列的被解释变量是利用 OP 法计算的全要素生产率,(3)(4)列的被解释变量是利用 LP 法计算的全要素生产率,(1)(3)为固定效应回归结果,(2)(4)为两步系统 GMM 回归结果,且均通过前提假设检验。结果显示,解释变量资产收益率宽幅度系数均显著为负,说明利用单一指标衡量实体企业高质量发展依然验证了假设 H1,资产收益率宽幅度抑制了实体企业高质量发展。

(二) 制造业小样本的稳健性检验

制造业是实体经济的基石,制造业企业实现高质量发展是新时代推动我国经济高质量发展的关键,将对现代化经济体系建设全局产生重要影响(吴成颂等,2021)。基于制造业企业实现高质量发展的重要性,本书利用制造业小样本进行稳健性检验,表 4-4 的第(1)列至第(3)列分别为以实体企业高质量发展指数(HQD)、以 OP 法计算的全要素生产率(TFP_OP)和以 LP 法计算的全要素生产率(TFP_LP)作为被解释变量进行两步系统 GMM 估计的实证结果。估计均通过两个基本假设检验,资产收益率宽幅度的系数均显著为负,其余变量结果与基准回归结果基本一致,实证结果稳健。

表 4-4 制造业小样本的稳健性检验

变量	(1)	(2)	(3)
	HQD	*TFP_OP*	*TFP_LP*
L.HQD	0.6111*** (6.4811)		
L.TFP_OP		0.6300*** (8.6671)	

续表

变量	(1) HQD	(2) TFP_OP	(3) TFP_LP
L.TFP_LP			0.7856***
			(10.1652)
RS	-1.7082***	-0.2675*	-0.3754*
	(-3.5364)	(-1.7560)	(-1.8417)
size	0.1607	0.2078***	0.1030*
	(1.2722)	(3.2402)	(1.8365)
labor	-0.0823	-0.0434	0.0461
	(-0.9008)	(-0.8903)	(0.8618)
liquidity	-0.0408	-0.0127*	-0.0185**
	(-1.5556)	(-1.6915)	(-1.9930)
cash	-0.0014	-0.0038	-0.0086
	(-0.6476)	(-0.8290)	(-1.1123)
bigr	0.6930	0.5111*	0.1961
	(0.7709)	(1.7233)	(0.5355)
aslbrt	0.5517	0.4922*	0.2937
	(1.3980)	(1.6683)	(0.8971)
_cons	-2.9717	0.2206	0.0108
	(-1.2591)	(0.2549)	(0.0109)
Observations	4538	5322	5322
Year	Yes	Yes	Yes
Hansen test	0.229	0.144	0.269
AR(1) Test	0.000	0.000	0.000
AR(2) Test	0.605	0.548	0.897

数据来源:根据 Stata 检验结果作者手工整理所得。

第二节 资产收益率宽幅度影响实体企业高质量发展的异质性检验

通过第二章第三节的理论分析发现,在不同产权性质、不同地区和不同企业规模情况下,资产收益率宽幅度对实体企业高质量的影响存在差异,为验证资产收益率宽幅度对实体企业高质量发展的异质性影响,本节将通过分组回归对这一问题进行实证检验。

一、产权性质异质性检验

根据企业产权性质将样本分为国有和非国有企业两组分别进行回归检验,以期检验资产收益率宽幅度对不同产权性质企业高质量发展的影响,结果如表4-5的第(1)列、第(2)列所示,第(1)列为非国有实体企业两步系统 GMM 检验的结果,结果显示资产收益率宽幅度系数显著为负,而第(2)列国有实体企业资产收益率宽幅度系数虽然为负,但是并不显著,说明资产收益率宽幅度拉大对不同产权性质的实体企业高质量发展影响不同,非国有企业高质量发展更容易受资产收益率宽幅度的影响,因此验证了假设 H2。原因在于非国有企业相比国有企业面临着更为严重的融资约束,当资产收益率宽幅度拉大时,企业为追求高收益,将更多资金投入金融资产。非国有企业追求金融资产这一短视行为,对企业长期发展产生不利影响,造成资金抽离经营活动和创新活动,严重抑制企业高质量发展。

二、企业规模异质性检验

根据样本企业规模的中位数 21.7747 为分界线将样本分为大规模

和小规模两组企业进行企业规模异质性分析,表4-5第(3)列、第(4)列分别为小规模企业和大规模企业的回归结果。结果显示在两类样本中,资产收益率宽幅度的回归系数虽然均为负数,但是只有小规模企业的系数在1%的统计水平上显著,大规模企业的系数不显著,说明资产收益率宽幅度对不同规模的实体企业高质量发展具有异质性影响,假设H3成立。呈现这一结果可能的原因是小规模企业自身生产能力较低,面临着更为严重的融资约束,企业营业利润不足,内部治理水平不高,当持有金融资产获取的收益率远高于持有经营资产获取的收益率即资产收益率宽幅度拉大时,小规模企业更愿意配置金融资产获取高额收益,但是其自身抵御风险的能力较低,依赖金融投资而忽视主营业务经营,长此以往将对企业发展产生危害。而大规模企业抵御风险的能力较强,内部治理水平也相对更高,资产收益率宽幅度对实体企业高质量发展的影响并不显著。

表4-5 异质性分析结果

变量	(1) 非国有	(2) 国有	(3) 小规模	(4) 大规模	(5) 东部	(6) 中部	(7) 西部
L.HQD	0.5102*** (8.2934)	0.6994*** (10.1497)	0.7044*** (9.9471)	0.5042*** (5.8584)	0.6062*** (12.4908)	0.6382*** (5.1344)	0.7767*** (6.7300)
RS	-1.1738*** (-3.0694)	-0.3693 (-1.1194)	-1.0718*** (-3.3710)	-0.3293 (-0.8810)	-0.5025* (-1.8364)	-0.7869* (-1.9013)	-0.4382 (-0.7385)
size	0.1510** (2.1737)	0.1975 (1.5855)	0.0539 (0.4357)	0.3103*** (3.3059)	0.0839 (1.2064)	0.0765 (0.9076)	0.1057 (0.5616)
labor	-0.0669 (-1.0931)	-0.1607 (-1.3507)	-0.1394 (-1.3106)	-0.1031 (-1.3968)	0.0105 (0.1689)	-0.1224 (-1.2025)	-0.1453 (-0.7116)
liquidity	-0.0351** (-2.4315)	-0.0371 (-0.3920)	-0.0494** (-2.3262)	-0.0474 (-1.3862)	0.0259 (1.1229)	-0.0653* (-1.7873)	-0.0004 (-0.0075)

续表

变量	(1) 非国有	(2) 国有	(3) 小规模	(4) 大规模	(5) 东部	(6) 中部	(7) 西部
$cash$	-0.0007 (-0.3666)	-0.0025 (-0.3392)	0.0029 (1.2343)	-0.0019 (-1.1712)	-0.0027 (-0.2559)	-0.0022 (-1.0086)	0.0187 (0.7005)
$bigr$	0.3637 (0.6212)	-0.8759 (-1.6219)	0.7066 (0.6634)	0.1334 (0.2148)	0.1729 (0.3218)	0.2068 (0.2787)	-0.9074 (-0.7352)
$aslbrt$	0.4510* (1.6694)	-0.6284 (-0.6287)	0.1594 (0.4720)	0.8771** (2.0741)	0.4774 (1.1841)	0.1756 (0.4169)	-0.5178 (-0.5714)
$\_cons$	-2.7330** (-2.1461)	-2.0540 (-0.7410)	0.1586 (0.0706)	-6.5082*** (-3.2144)	-2.1409 (-1.5803)	-0.5947 (-0.3822)	-0.2357 (-0.0869)
Observations	4471	3014	3661	3701	5290	1543	1033
Year	Yes	Yes	Yes	Yes	Yes	Yes	Yes
Hansen test	0.231	0.584	0.263	0.387	0.656	0.634	0.327
AR(1) Test	0.000	0.000	0.025	0.000	0.000	0.001	0.061
AR(2) Test	0.742	0.186	0.682	0.419	0.750	0.462	0.582

数据来源：根据 Stata 检验结果作者手工整理所得。

三、所在地区异质性检验

将我国 31 个省份(直辖市)分为东部、中部、西部三大区域进行分组回归分析，结果如表 4-5 的第(5)列至第(7)列所示，结果显示资产收益率宽幅度系数在东部和中部地区显著为负，而在西部地区不显著，资产收益率宽幅度影响实体企业高质量发展存在区域异质性，假设 H4 成立。得出这一结果可能的原因是，我国经济发展状况呈现出东部最发达，中部地区次之，而西部地区欠发达的态势。一方面，相较于东部和中部地区，西部地区资源最稀缺，资本市场相对发育不足，信息传递不畅，企业不易受到资本市场信息的影响；另一方面，西部地区市场竞争最为缓和，企业更愿意追求稳定，偏向于风险规避，当资产收益率宽幅度现象出现时，企业可能会为了维持主营业务稳定，只转移相对较少的资金投资金融资产。因此，资产收益率宽幅度对实体企业高质量发展的影响在西部地区不显著。而中、东部地区市场竞争激烈，信息传递更加及时，企业易受资本市场信息影响，同时为了实现利润最大化，企业纷纷逐涨，将经营主业、科技创新的资金投入金融领域，致使企业杠杆率攀升、金融化加深、创新能力降低，抑制企业实现高质量发展，因而资产收益率宽幅度对东、中部地区实体企业高质量发展影响更显著。

第三节 资产收益率宽幅度影响实体企业高质量发展的路径检验

在解决了资产收益率宽幅度是否影响实体企业高质量发展以及资产收益率宽幅度影响不同类型实体企业高质量发展的异质性这两个问题的基础上，进一步分析二者之间的作用渠道，揭开资产收益率宽幅度影响实体企业高质量发展的"暗箱"，对于厘清两者之间的关系具有重要意义。下面将结合第二章第三节理论分析内容构建中介效应检验模型，对资产收益率宽幅度影响实体企业高质量发展的路径进行探析。

一、影响路径的模型构建

（一）中介效应模型构建

基准回归已经验证了资产收益率宽幅度拉大对实体企业高质量发展的抑制作用，但其作用渠道还有待实证检验，因此需要进一步构建中介效应模型进行验证。根据江艇（2022）的研究，梳理中介效应在国内应用的现状可以发现,部分研究者对于中介效应检验存在着一定的误用,并提出中介效应的相关操作建议:停止使用逐步检验转而采用两步法进行检验,首先,检验核心解释变量如何影响被解释变量,将研究重点聚焦到提高核心解释变量对被解释变量因果关系的识别可信度;其次,检验核心解释变量对中介变量的因果关系,并采用和第一步中同样的方法进行识别。根据第二章第三节的理论分析,本书认为金融化程度、经营资产投资、创新能力和盈利成长能力是资产收益率宽幅度抑制实体企业高质量发展的影响路径,因而对金融化程度、经营资产投资、创新能力和盈利成长能力的中介效应分别构建模型进行检验。

$$HQD_{it} = \alpha_0 + \alpha_1 HQD_{it-1} + \alpha_2 RS_{it} + \alpha_3 size + \alpha_4 labor + \alpha_5 liquidity + \alpha_6 cash + \alpha_7 bigr + \alpha_8 aslbrt + \mu_i + \omega_t + \varepsilon_{it} \quad (4.2)$$

$$Fin_{it} = \beta_0 + \beta_1 Fin_{it-1} + \beta_2 RS_{it} + \beta_3 size + \beta_4 labor + \beta_5 liquidity + \beta_6 cash + \beta_7 bigr + \beta_8 aslbrt + \mu_i + \omega_t + \varepsilon_{it} \quad (4.3)$$

$$Operating_{it} = \gamma_0 + \gamma_1 Operating_{it-1} + \gamma_2 RS_{it} + \gamma_3 size + \gamma_4 labor + \gamma_5 liquidity + \gamma_6 cash + \gamma_7 bigr + \gamma_8 aslbrt + \mu_i + \omega_t + \varepsilon_{it} \quad (4.4)$$

$$Innovation_{it} = \delta_0 + \delta_1 Innovation_{it-1} + \delta_2 RS_{it} + \delta_3 size + \delta_4 labor + \delta_5 liquidity + \delta_6 cash + \delta_7 bigr + \delta_8 aslbrt + \mu_i + \omega_t + \varepsilon_{it} \quad (4.5)$$

$$Profit_{it} = \epsilon_0 + \epsilon_1 Profit_{it-1} + \epsilon_2 RS_{it} + \epsilon_3 size + \epsilon_4 labor + \epsilon_5 liquidity + \epsilon_6 cash + \epsilon_7 bigr + \epsilon_8 aslbrt + \mu_i + \omega_t + \varepsilon_{it} \quad (4.6)$$

$$Growth_{it} = \theta_0 + \theta_1 Growth_{it-1} + \theta_2 RS_{it} + \theta_3 size + \theta_4 labor + \theta_5 liquidity + \theta_6 cash + \theta_7 bigr + \theta_8 aslbrt + \mu_i + \omega_t + \varepsilon_{it} \quad (4.7)$$

根据中介效应两步法构建上述模型,公式(4.2)为基准回归模型,检验资产收益率宽幅度对实体企业高质量发展的影响;公式(4.3)检验资产收益率宽幅度对金融化程度的影响,探究金融化程度在资产收益率宽幅度影响实体企业高质量发展的中介作用;公式(4.4)检验资产收益率宽幅度对经营资产的影响,探究经营资产比重是否是资产收益率宽幅度影响实体企业高质量发展的中介变量;公式(4.5)检验资产收益率宽幅度对创新能力的影响,验证创新能力这一作用路径;公式(4.6)检验资产收益率宽幅度对盈利能力的影响,对企业盈利能力这一作用路径进行检验;公式(4.7)检验资产收益率宽幅度对企业成长能力的影响,探究成长能力是否是资产收益率宽幅度影响实体企业高质量发展的中介变量。基准回归在上面采用两步系统GMM估计技术得出结果,因而在验证资产收益率宽幅度对中介变量的影响时也需采用相同的估计方法。

(二) 中介变量选取

除中介变量以外的变量设定均与上文基准回归中相同,本书选择的中介变量主要包括:

1. 金融化程度(Fin)。借鉴宋军等(2015)、杜勇等(2019)的研究,用企业持有的金融资产占比来衡量企业的金融化程度,金融资产的计算方法与上面保持一致,由此金融化程度(Fin) = 金融资产/总资产。

2. 经营资产($Operating$)。基于不同计价方式,企业资产可重新分类为金融资产和经营资产,因此经营资产比重由总资产减去金融资产的占比衡量,经营资产($Operating$) = (总资产-金融资产)/总资产。

3. 创新能力($Innovation$)。参考段军山等(2021)的研究,利用技术创新产出衡量企业的创新能力,技术创新产出利用专利授权数量的对数进行计算,因此创新能力($Innovation$) = ln(专利授权数量)。

4. 盈利能力($Profit$)。企业营业利润率通常是衡量盈利能力的重要指标,反映了企业在不考虑非营业成本的条件下通过经营获取利润的能力,营业利润率越高,企业盈利能力越强,营业利润率($Profit$)=营业利润/营业收入。

5.成长能力($Growth$),本书选用营业收入增长率作为企业成长能力的代理指标,营业收入增长率反映了企业的经营状况和市场占有情况,能够对企业未来业务拓展能力进行预测,营业收入增长率($Growth$)=本期营业收入增加额/上期营业收入。

二、影响路径的结果分析

资产收益率宽幅度影响实体企业高质量发展的路径检验结果如表4-6所示,表中第(1)列主回归结果在上面已经进行了分析,结果表明资产收益率宽幅度对实体企业高质量发展存在显著抑制作用。

第(2)列检验了资产收益率宽幅度对企业金融化程度的影响,结果显示资产收益率宽幅度的系数在5%的水平上显著为正,证明资产收益率宽幅度拉大会导致实体企业金融化程度加深,企业过度金融化会降低企业生产效率,影响公司经营业绩提升,损害企业未来主业业绩,阻碍企业高质量发展,因此假设H5得到验证,资产收益率宽幅度拉大将导致企业金融化程度加深进而抑制实体企业高质量发展。

第(3)列检验了资产收益率宽幅度对企业持有经营资产的影响,资产收益率宽幅度的系数在5%的水平上显著为负,说明资产收益率宽幅度拉大将降低实体企业持有经营资产的比重,企业持有经营资产减少表明其主业经营受到挤压,不利于企业进行资本积累,降低企业未来主营业绩和发展潜力,对实体企业高质量发展产生不利影响。假设H6得到验证,当资产收益率宽幅度拉大时,将会降低企业配置经营资产的意愿,进而抑制实体企业高质量发展。

表 4-6 中介效应检验结果

变量	(1) 主回归	(2) 金融化程度	(3) 经营资产	(4) 创新能力	(5) 盈利能力	(6) 成长能力
RS	-1.6375*** (-5.3105)	0.0334** (2.3206)	-0.0443** (-1.9698)	-0.9510* (-1.7835)	-0.2227* (-1.9261)	-1.2523* (-1.9020)
$L.HQD$	0.7087*** (10.7864)					
$L.Fin$		0.8988*** (22.9302)				
$L.Operating$			0.8894*** (20.0852)			
$L.Innovation$				0.3606*** (6.9244)		
$L.Profit$					0.1571* (1.6940)	
$L.Growth$						0.1692** (1.9641)
$size$	0.0014 (0.0170)	-0.0034 (-0.7146)	0.0027 (0.5370)	0.0109 (0.0728)	0.0295** (2.0285)	0.2926*** (3.0845)
$labor$	-0.0139 (-0.1981)	-0.0066 (-1.3222)	0.0074 (1.4237)	0.0370 (0.3032)	-0.0424** (-2.4200)	-0.2605*** (-2.7075)
$liquidity$	-0.0526*** (-2.6707)	-0.0019* (-1.8184)	0.0014 (1.2857)	-0.0397 (-1.3444)	0.0032 (0.6215)	-0.0297 (-0.5815)
$cash$	-0.0017 (-1.0718)	0.0000 (0.3088)	-0.0000 (-0.3442)	-0.0019 (-0.8875)	0.0042 (1.3881)	-0.0217 (-1.0067)
$bigr$	-0.4370 (-0.8501)	0.0375 (0.9292)	-0.0335 (-0.8014)	-0.0253 (-0.0274)	0.0234 (0.2530)	-0.7539 (-1.0654)
$aslbrt$	0.1089 (0.3966)	0.0217 (1.0862)	-0.0278 (-1.2902)	0.3224 (0.7711)	0.1795* (1.8601)	0.2851 (0.4969)
$\_cons$	0.4728 (0.3273)	0.0943 (1.1096)	0.0305 (0.3183)	-0.4800 (-0.1803)	-0.3740 (-1.2512)	-3.9284* (-1.8723)

续表

变量	(1)主回归	(2)金融化程度	(3)经营资产	(4)创新能力	(5)盈利能力	(6)成长能力
Year	Yes	Yes	Yes	Yes	Yes	Yes
Hansen test	0.122	0.111	0.119	0.668	0.117	0.137
AR(1) Test	0.001	0.000	0.000	0.000	0.000	0.006
AR(2) Test	0.471	0.969	0.971	0.790	0.109	0.144

数据来源:根据 Stata 检验结果作者手工整理所得。

第(4)列对创新能力这一作用渠道进行检验,结果表明资产收益率宽幅度拉大将显著降低实体企业的创新能力,创新能力提升是引领企业实现高质量发展的动力源泉。创新能力降低将导致企业缺乏核心竞争力,降低企业资源利用效率,加速生产消耗和环境污染,不利于企业可持续发展,进而影响实体企业高质量发展,假设 H7 成立,资产收益率宽幅度持续拉大将导致企业创新能力低下,严重阻碍实体企业高质量发展。

第(5)列和第(6)列分别检验了资产收益率宽幅度对企业盈利能力和成长能力的影响,结果显示资产收益率宽幅度系数在 10% 的水平上显著为负,证明资产收益率宽幅度不断拉大将降低企业盈利能力和成长能力,企业资金受资产收益率宽幅度现象和公允价值顺周期效应叠加影响,流向金融、房地产领域,实体企业长期依赖金融资产谋利,获取超额收益,忽视主业发展,导致企业盈利能力和成长能力降低,阻碍实体企业高质量发展,造成实体经济"空心化",抑制经济高质量发展,假设 H8 得到验证,资产收益率宽幅度不断拉大致使企业盈利能力和成长能力不足,严重影响实体企业高质量发展。

同时,所有中介效应模型利用两步系统 GMM 估计的结果均通过 Hansen 过度识别检验和扰动项自相关检验。

第四节　本章小结

首先,本章对资产收益率宽幅度拉大抑制实体企业高质量发展这一问题进行了验证。由于实体企业高质量发展具有显著的动态连续性,同时为避免遗漏变量、测量误差等内生性问题,本章构建动态面板模型利用两步系统 GMM 估计技术进行检验,实证结果表明资产收益率宽幅度与实体企业高质量发展存在显著负相关关系,且实证结果稳健,假设 H1 得到验证。其次,利用分组回归实证检验了不同产权性质、不同企业规模、所处地区不同的实体企业资产收益率宽幅度对企业高质量发展的影响不同,验证了假设 H2 至 H4。资产收益率宽幅度对非国有企业、小规模企业和位于东、中部地区实体企业高质量发展具有显著影响,而对国有企业、大规模企业和位于西部地区的实体企业高质量发展影响不显著。最后,本章构建中介效应模型对金融化程度、经营资产、创新能力、盈利能力、成长能力的渠道作用进行了检验,结果显示资产收益率宽幅度不断拉大,将通过加剧实体企业金融化程度,降低经营资产持有比重,阻碍企业创新能力提升,降低企业盈利能力和成长能力,进而抑制实体企业实现高质量发展,假设 H5 至 H8 成立。

第 五 章

税负调节影响实体企业高质量发展的实证分析

面对经济下行压力加大和复杂的外部环境,税负调节是政府激发微观主体活力、促进经济发展的重要举措。在当前以高质量发展为主旋律的发展环境中,我国的政策导向和调控方向都将以高质量发展为顶层设计要求(段姝等,2022)。前面第二章第二节和第四节通过理论模型和理论分析提出税负调节是影响实体企业高质量发展重要的外部因素之一,本章将通过实证分析进一步厘清二者之间的关系。通过构建固定效应模型、进行分组回归、构建滞后回归模型等方法对税负调节如何影响实体企业高质量发展、税负调节影响实体企业高质量发展的异质性、税负调节影响实体企业高质量发展的时滞性以及基于生命周期理论探讨二者之间的关系等一系列问题进行分析。

第一节 税负调节影响实体企业高质量发展的实证检验

为进一步赋能实体企业高质量发展,我国实施大规模减税政策,那么,税负调节是影响实体企业高质量发展的外部因素吗？税负调节如何影响实体企业高质量发展呢？由于政府进行税负调节的效果最终反映在企业实际承担的税负程度上,因而本书选择企业实际承担的税负率衡量税负调节。本节利用面板数据构建双向固定效应模型实证检验企业税负与实体企业高质量发展之间的关系,进一步通过工具变量法和两阶段最小二乘回归克服互为因果、遗漏变量等内生性问题进行稳健性检验,并在此基础上探讨了不同税种对实体企业高质量发展的差异性影响。

一、多元回归模型构建

(一) 数据来源与数据处理

为与前后章节研究的样本期间保持一致,本章选择2008—2018年沪深A股上市公司数据,剔除金融、房地产行业被特殊处理(ST、*ST、PT)的样本,剔除实际税负率大于1或小于0的样本作为异常值处理,剔除数据缺失的样本,最终得到12571个有效观测值作为研究样本,数据来源于WIND和CSMAR数据库。为减轻异常值对结果产生的影响,对所有连续变量按照上下1%进行了Winsorize处理。

(二) 模型构建

为检验税负调节与实体企业高质量发展之间的关系,本书构建如下模型：

$$HQD_{it} = \alpha_0 + \alpha_1 Tb1_{it} + \alpha_2 size + \alpha_3 labor + \alpha_4 liquidity + \alpha_5 cash + \alpha_6 bigr + \alpha_7 aslbrt + \mu_i + \omega_{t,j} + \varepsilon_{it} \quad (5.1)$$

其中,$Tb1$ 表示企业实际承担的综合税负率,HQD 表示实体企业高质量发展,$size$ 为企业规模,$labor$ 为企业劳动力规模,$liquidity$ 为流动比率,cash 为企业经营现金流,bigr 为第一大股东持股比例,aslbrt 为企业资产负债率。μ_i 表示公司个体固定效应,$\omega_{t,j}$ 用来控制行业随时间变动的不可观测的因素,表示年份*行业的固定效应,比分别加入年份和行业的固定效应控制力度更强,ε_{it} 为随机误差项。

(三) 变量定义

解释变量 Tb1 表示企业实际承担的税负,由于税负调节对企业所发挥的作用直接反映在企业所承担的税负程度上,因而本书选用企业实际承担的税负来衡量税负调节对企业的作用。以往研究多采用单一税种对企业税负进行衡量,但是本书认为政府进行税负调节采取的政策涉及多个税种,仅考察单一税种显然是不恰当的,应采用综合税负度量企业实际承担的税收负担。基于现金流量表对企业综合税负进行计算,利用"支付的各项税费"与"收到的税费返还"之差计算企业当期缴纳的各项税费,利用"营业收入"衡量企业缴纳税费的经济来源,具体计算公式为:企业综合税负率(Tb1)=(支付的各项税费-收到的税费返还)/营业收入。

被解释变量 HQD 表示实体企业高质量发展,该指标以第三章运用综合指标赋权法计算的实体企业高质量发展指数进行衡量。控制变量分别为企业规模(size)、企业劳动力规模(labor)、流动比率(liquidity)、企业经营现金流(cash)、第一大股东持股比例(bigr)、企业资产负债率(aslbrt),具体计算方法与第四章中计算方法相同。

为进一步探究不同税种对实体企业高质量发展的不同影响,本书分别选取增值税和企业所得税作为流转税和直接税的代表税种,具体计算方式为:企业所得税税负率(Tb2)=所得税费用/息税前利润;增值税税负率(Tb3)=(教育费附加/0.03-消费税)/营业收入。

二、基准回归结果与分析

（一）描述性统计与相关性分析

表5-1列示了主要变量的描述性统计结果，总体来看，企业承担的各项税负差异较大，税负在不同企业间差距较大不利于企业公平竞争，容易造成资源扭曲。具体来看，企业综合税负率的均值为6.36%，最小值接近0而最大值达到53.69%；企业所得税负率均值为15.40%，最小值接近0而最大值接近1，不同企业间企业所得税税负差异较大；增值税税负率均值为1.20%，最小值为0，最大值为52.66%。描述性统计结果与已有研究结果接近。

表5-1 变量描述性统计

varname	N	mean	sd	min	p50	max
HQD	12571	0.8076	0.6745	-0.3986	0.5953	2.6736
Tb1	12571	0.0636	0.0491	0.0000	0.0525	0.5369
Tb2	12571	0.1540	0.0911	0.0000	0.1447	0.9983
Tb3	12571	0.0120	0.0231	0.0000	0.0061	0.5266
size	12571	21.9936	1.1322	19.6270	21.8632	26.0260
labor	12571	7.7637	1.1174	4.8283	7.7071	11.1301
liquidity	12571	2.2851	2.1377	0.2776	1.6022	18.9525
cash	12571	1.1173	4.4372	-17.2215	0.8956	23.3570
bigr	12571	0.3550	0.1471	0.0898	0.3405	0.7489
aslbrt	12571	0.8679	0.0766	0.7024	0.8683	0.9972

数据来源：WIND和CSMAR数据库。

表5-2 变量相关性分析

变量	HQD	Tb1	Tb2	Tb3	size	labor	liquidity	cash	bigr	aslbrt
HQD	1									
Tb1	-0.221***	1								

续表

变量	HQD	Tb1	Tb2	Tb3	size	labor	liquidity	cash	bigr	aslbrt
Tb2	-0.081***	0.244***	1							
Tb3	-0.067***	0.166***	0.010	1						
size	0.184***	-0.036***	-0.034***	-0.079***	1					
labor	0.225***	-0.064***	-0.017*	-0.078***	0.749***	1				
liquidity	-0.093***	0.167***	0.108***	0.019**	-0.355***	-0.343***	1			
cash	0.015*	-0.002	-0.024***	-0.015*	0.055***	0.078***	-0.061***	1		
bigr	-0.058***	0.063***	0.020**	-0.048***	0.163***	0.140***	-0.004	0.021**	1	
aslbrt	0.076***	-0.049***	-0.044***	-0.031***	0.013	0.076***	-0.395***	-0.006	-0.024***	1

注：***、**、* 分别表示 1%、5% 和 10% 的显著性水平。
数据来源：根据 Stata 检验结果作者手工整理所得。

为避免由于变量之间存在多重共线性而导致实证结果产生测量误差，对主要变量进行 Pearson 相关性分析，表 5-2 的相关性分析结果显示变量间相关系数均处于较低水平，基本排除了变量间的多重共线性问题。同时，相关性结果显示，企业综合税负率与实体企业高质量发展之间呈显著负相关关系，这在一定程度上说明企业税负降低能够助推实体企业高质量发展，同时企业所得税税负率和增值税税负率与实体企业高质量发展之间呈显著负相关关系。但是相关性分析只能帮助了解变量间的共变趋势，变量间的因果关系还需要进一步通过模型进行推断。

（二）基本实证结果

为保证结果准确性，本书通过 Hausman 检验，结果显示应选取固定效应回归，考虑本书的面板数据具有短时间大样本的特征，采用 White 检验证明数据存在异方差，应进行 Robust 回归采用稳健标准误，实证检验结果如表 5-3 所示。

表 5-3 税负调节与实体企业高质量发展

变量	(1) HQD	(2) HQD	(3) HQD	(4) HQD	(5) HQD
$Tb1$	-1.1725***	-0.8497***	-0.6228***	-0.5709***	-0.5732***
	(-5.8742)	(-4.6613)	(-3.4601)	(-3.2828)	(-3.3095)
$size$			0.1842***	0.0923***	0.1029***
			(11.4636)	(4.5625)	(5.4094)
$labor$			0.0226	0.0299*	0.0345**
			(1.3504)	(1.7959)	(2.1561)
$liquidity$			-0.0311***	-0.0345***	-0.0330***
			(-8.7752)	(-9.9539)	(-9.8533)
$cash$			0.0010	0.0012	0.0008
			(1.4324)	(1.6393)	(1.1151)
$bigr$			-0.2587**	-0.1954*	-0.1045
			(-2.4068)	(-1.7659)	(-1.0298)
$aslbrt$			0.1132	0.0955	0.1259
			(1.2048)	(1.0349)	(1.3754)
$\_cons$	0.8822***	0.5530***	-3.3168***	-1.5761***	-1.6354***
	(69.5292)	(24.0812)	(-10.0693)	(-3.8910)	(-4.1083)
Year	No	Yes	No	Yes	No
Year*Ind	No	No	No	No	Yes
Observations	12571	12571	12571	12571	12571
Within R^2	0.0067	0.1252	0.1357	0.1609	0.1933

注:括号中为相应的 t 统计量,***、**、* 分别表示 1%、5%和 10%的显著性水平(下同)。
数据来源:根据 Stata 检验结果作者手工整理所得。

第(1)列为仅控制个体效应的回归结果;第(2)列为控制个体和年份效应,未加入控制变量的回归结果;第(3)列为加入控制变量,仅控制个体效应未控制年份效应的实证结果;第(4)列为加入控制变量,控制个体和年份效应的实证结果;第(5)列为加入控制变量,控制个体和年份*行业效应的实证结果。结果显示企业综合税负率的系数均在1%的显著性水平上为负,说明实体企业所承担的综合税负降低时有利于推动实体企业高质量发展,验证了假设H9。企业所承担的税负降低可以缓解实体企业的融资约束,降低企业的财务风险和寻租动机,将更多资金投入生产经营活动,增加企业收益的同时有利于树立优质的公共形象,同时降低企业承担的税负可以增加企业现金持有,企业更愿意进行经营资产投资,从而促进企业创新能力提高,提升企业核心竞争力,因而企业税负降低可以推动实体企业高质量发展。其他控制变量的结果显示,企业规模和企业劳动力规模系数显著为正,说明企业规模越大、劳动雇佣量越大,越有利于实体企业高质量发展,而流动比率的系数显著为负,说明流动比率越高反而不利于实体企业高质量发展。

三、内生性问题

企业税负能够影响实体企业高质量发展,但与此同时,实体企业发展水平越高其获取的收益越多,增加了企业所承担的实际税负,因此,企业税负与实体企业高质量发展二者之间可能互为因果关系,同时由于遗漏变量、测量误差等一系列内生性问题的存在,进一步利用工具变量法进行稳健性检验。借鉴唐宜红等(2020)、宋德勇等(2022)的研究,将核心解释变量滞后一期作为工具变量进行两阶段最小二乘回归(2SLS),表5-4为工具变量法回归结果,其中第(1)列仅控制了个体效应,第(2)列将控制变量纳入模型中,第(3)列在第(2)列的基础上控制了时间效应,第(4)列加入了年份*行业效应。结果显示,本书选用的工具变量合理,在考虑了企业税负与实体企业高质量发展之间可能存在的内生性问题后,企业税负的系数依然显著为负,表明税负调节能够影响实体企业高质量发展,企业承担的税负越低越有利于实体企实现高质量发展。

表 5-4 工具变量法回归结果

变量	(1)	(2)	(3)	(4)
	HQD			
Tb1	-2.1236*** (-2.8861)	-1.2416* (-1.7257)	-1.2559* (-1.7272)	-1.1965* (-1.6652)
KP rk LM-statistic	85.019	82.560	80.010	82.579
LM P-value	0.0000	0.0000	0.0000	0.0000
KP rk Wald F-statistic	96.151	91.963	88.786	91.597
Control	No	Yes	Yes	Yes
Year	No	No	Yes	No
Year*Ind	No	No	No	Yes
Observations	8452	8452	8452	8452

数据来源:根据 Stata 检验结果作者手工整理所得。

四、稳健性检验

首先,替换被解释变量。将实体企业高质量发展指数替换为全要素生产率(TFP),选用 OP 法(Olley 等,1996)对实体企业全要素生产率进行计算,构建固定效应模型检验实体企业税负与全要素生产率之间的关系,结果如表 5-5 第(1)列所示,企业综合税负率系数显著为负,证明了用单一指标全要素生产率衡量实体企业高质量发展作为被解释变量,仍然可以得出降低实体企业税负能够助推实体企业高质量发展的结论。

为避免内生性问题造成企业税负与全要素生产率的实证结果产生偏误,进一步利用"营改增"政策实施这一准自然实验和双重差分法(DID)对税负调节能否影响实体企业高质量发展进行检验。2012 年 1

月 1 日,"营改增"政策在上海"1+6"行业首次试点,并于 2012 年 9 月至 12 月陆续在全国 8 个省份"1+6"行业进行试点工作。本书设置分组变量 Test,如果企业属于试点城市试点行业,那么该变量取值为 1,否则为 0。同时根据"营改增"政策实施时间设置时间变量 After,当样本观测值位于 2012 年以后,该变量取值为 1,否则为 0。构建如下计量模型:

$$TFP_{it} = \beta_0 + \beta_1 Test_i \times After_t + \beta_2 Test_i + \beta_3 After_t + \beta_4 Control_{it} + \mu_i + \omega_t + \varepsilon_{it} \quad (5.2)$$

其中,TFP 为全要素生产率,是衡量实体企业高质量发展的代理变量,Test 为分组变量,After 为时间变量,Control 为企业层面控制变量。采用双向固定效应模型进行检验可以有效降低个体和时间效应的影响,主要观察 Test 和 After 交乘项的系数 β_1,用来衡量"营改增"这一政策冲击对实体企业高质量发展的因果效应。本书在验证"营改增"政策对实体企业高质量发展的影响前,先检验了"营改增"政策对实体企业税负的影响,如表 5-5 第(2)列所示,结果表明"营改增"这一政策的实施降低了实体企业所承担的税负。第(3)列和第(4)列是没有加入控制变量和加入控制变量的政策冲击对实体企业高质量发展影响的结果,结果显示 Test 和 After 交乘项的系数在 1% 的显著性水平上为正,表明税负调节能够影响实体企业高质量发展,降低企业税负有利于推动实体企业高质量发展。同时,双重差分法要求在政策冲击前,控制组和实验组的企业发展状况维持基本平行的时间趋势,因此须进行平行趋势检验,如图 5-1 所示,在"营改增"政策出台之前的 2009—2012 年,实验组和控制组实体企业全要素生产率基本保持同趋势变化,验证了平行趋势假设。

表5-5 替换被解释变量检验结果

变量	（1） 固定效应 *TFP*	（2） 双重差分 *Tb1*	（3） 双重差分 *TFP*	（4） 双重差分 *TFP*
*Tb*1	-1.9377*** (-9.6721)			
Test×After		-0.0056*** (-3.6782)	0.0947*** (5.0568)	0.0482*** (3.0318)
_cons	3.6279*** (8.0680)	0.0846*** (6.1679)	12.9981*** (1058.0868)	3.3777*** (23.3668)
Control	Yes	Yes	No	Yes
Year	No	Yes	Yes	Yes
Year * Ind	Yes	No	No	No
Within R^2	0.5155	0.0200	0.2316	0.4512

数据来源：根据Stata检验结果作者手工整理所得。

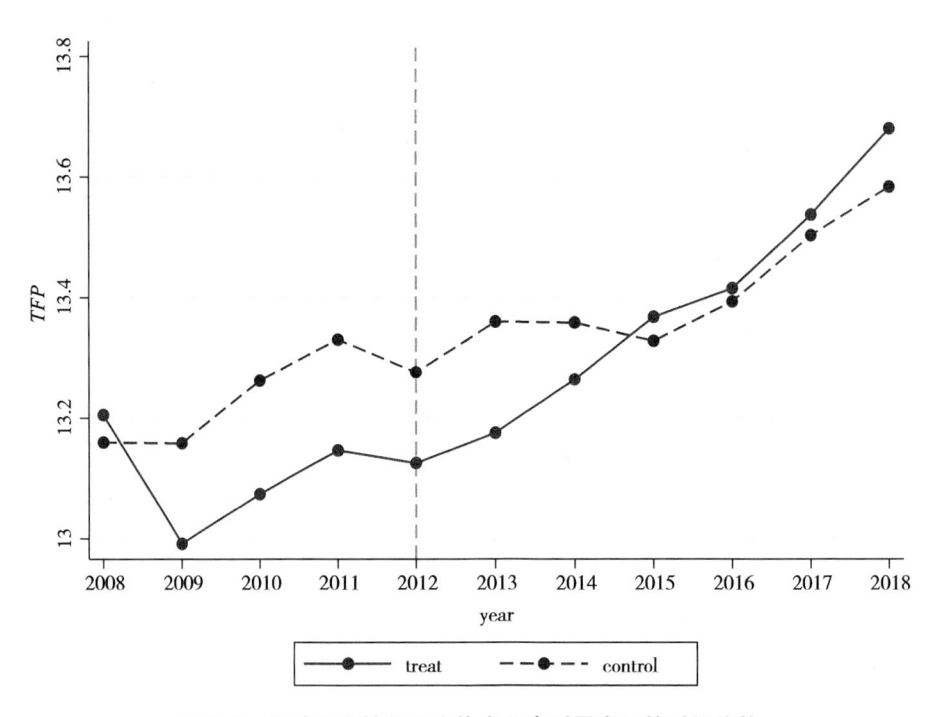

图5-1 实验组和控制组实体企业高质量发展的时间趋势

数据来源：Stata检验结果。

其次，本书认为企业的成长能力和盈利能力也是影响实体企业高质量发展的因素，因而加入这两个公司层面上的控制变量。其中，企业的成长能力以营业收入增长率（$growth$）为代理变量，企业的盈利能力利用总资产收益率（ROA）进行衡量。增加控制变量的检验结果如表5-6所示，第（1）列和第（2）列为分别加入两个控制变量的结果，第（3）列为同时加入两个控制变量的结果，结果表明增加控制变量后检验结果依然稳健，企业综合税负率的系数在1%的水平上显著为负，说明企业税负降低有利于实体企业实现高质量发展。

最后，本书利用制造业小样本进行稳健性检验。结果如表5-6第（4）列所示，制造业企业承担的综合税负降低依然能显著影响企业高质量发展。

表5-6　其他稳健性检验结果

变量	（1）	（2）	（3）	（4）
	增加控制变量			制造业小样本
$Tb1$	-0.4746***	-0.7692***	-0.6667***	-1.0321***
	(-2.7468)	(-4.3348)	(-3.7507)	(-4.2900)
$size$	0.0953***	0.1050***	0.0992***	0.1225***
	(5.0144)	(5.5687)	(5.2372)	(5.2449)
$labor$	0.0339**	0.0355**	0.0349**	0.0425*
	(2.1137)	(2.2194)	(2.1778)	(1.9308)
$liquidity$	-0.0320***	-0.0350***	-0.0339***	-0.0321***
	(-9.4389)	(-10.5251)	(-10.0946)	(-8.3425)
$cash$	0.0009	0.0011	0.0011	0.0011
	(1.2656)	(1.6074)	(1.6369)	(1.3572)
$bigr$	-0.1141	-0.1264	-0.1298	0.0574
	(-1.1276)	(-1.2576)	(-1.2922)	(0.4430)

续表

变量	(1)	(2)	(3)	(4)
	增加控制变量			制造业小样本
$aslbrt$	0.1156	0.0765	0.0770	0.1635
	(1.2684)	(0.8329)	(0.8398)	(1.4627)
$growth$	0.0688***		0.0497***	0.0405***
	(6.4841)		(4.5940)	(2.8299)
ROA		0.9916***	0.8331***	1.0528***
		(6.1511)	(5.0409)	(5.4183)
$\_cons$	-1.4645***	-1.6729***	-1.5435***	-2.1090***
	(-3.6865)	(-4.2479)	(-3.9030)	(-4.4085)
$Year*Ind$	Yes	Yes	Yes	Yes
$Observations$	12571	12571	12571	8674
$Within\ R^2$	0.1970	0.1988	0.2005	0.2162

数据来源:根据Stata检验结果作者手工整理所得。

五、不同税种的差异性检验

进一步分析不同税种对实体企业高质量发展的影响,为克服遗漏变量、互为因果等内生性问题,本书构建动态面板模型利用两步系统GMM进行估计,具体公式为:

$$HQD_{it} = \alpha_0 + \alpha_1 HQD_{it-1} + \alpha_2 Tb2_{it} + \alpha_3 size + \alpha_4 labor + \alpha_5 liquidity + \alpha_6 cash + \alpha_7 bigr + \alpha_8 aslbrt + \mu_i + \omega_t + \varepsilon_{it} \quad (5.3)$$

$$HQD_{it} = \alpha_0 + \alpha_1 HQD_{it-1} + \alpha_2 Tb3_{it} + \alpha_3 size + \alpha_4 labor + \alpha_5 liquidity + \alpha_6 cash + \alpha_7 bigr + \alpha_8 aslbrt + \mu_i + \omega_t + \varepsilon_{it} \quad (5.4)$$

其中,HQD_{it-1}为实体企业高质量发展滞后一期值,$Tb2$和$Tb3$分别为企业承担的所得税率和增值税率,其余变量定义均与上面表述相同。

表 5-7 不同税种对实体企业高质量发展的影响

变量	(1) 企业所得税	(2) 增值税
L.HQD	0.5726***	0.9573***
	(12.6075)	(12.3571)
Tb2	-1.8448*	
	(-1.9368)	
Tb3		-3.9661
		(-0.4864)
size	0.0667	0.0814
	(0.9950)	(0.6475)
labor	-0.1441**	-0.2076**
	(-1.9934)	(-2.0179)
liquidity	-0.0009	-0.0804
	(-0.0498)	(-0.8161)
cash	-0.0012	0.0203
	(-0.1106)	(1.0070)
bigr	-0.1393	-0.7215
	(-0.3118)	(-1.2378)
aslbrt	0.5336	-0.3728
	(1.3578)	(-0.3146)
_cons	0.1044	0.7693
	(0.0803)	(0.2218)
Observations	8764	8764
Year	Yes	Yes
Hansen test	0.128	0.278
AR(1)Test(P 值)	0.000	0.095
AR(2)Test(P 值)	0.131	0.906

数据来源:根据 Stata 检验结果作者手工整理所得。

不同税种对实体企业高质量发展的影响实证结果如表5-7所示。结果均通过了两步系统GMM的假设检验,其中,Hansen检验结果的P值均大于0.1,说明选用的工具变量满足内生性条件,同时误差项自相关检验结果满足了误差项一阶差分存在自相关而不存在二阶自相关的条件。第(1)列为企业所得税变化对实体企业高质量发展的影响,企业所得税税负率的系数在10%的显著性水平下为-1.8448,表明企业所得税降低能够显著促进实体企业高质量发展。第(2)列为增值税变化对实体企业高质量发展的影响,增值税税负率系数并不显著,表明增值税变化对实体企业高质量发展的影响并不显著。因而假设H10得到验证,企业承担的企业所得税和增值税对实体企业高质量发展的影响不同,企业所得税变化能够显著影响实体企业高质量发展,这可能是由于具有直接税性质的企业所得税降低能够直接对企业净利润和现金流产生影响,而增值税具有间接税性质和价外核算属性,导致增值税对企业利润和现金流的影响受到抑制,因而增值税变化对于实体企业高质量发展的影响并不显著。

第二节 税负调节影响实体企业高质量发展的异质性检验

前面通过实证检验了税负调节是影响实体企业高质量发展的外部因素之一,降低企业承担的综合税负有利于实体企业实现高质量发展,然而针对不同实体企业,税负对企业高质量发展的影响是否具有差异仍需进一步检验,探究税负调节影响实体企业的异质性能够为减税政策"落地生根"提供理论依据。通过第二章第四节的理论分析发现,税

第五章　税负调节影响实体企业高质量发展的实证分析 · 147 ·

负调节对实体企业高质量发展的影响可能因产权性质、企业规模、所处时间跨度和所处地区的不同而产生差异,因而本节将通过分组回归对企业税负影响实体企业高质量发展的异质性进行检验。

一、产权性质异质性检验

非国有企业和国有企业分别占据着中国经济的半壁江山,产权性质不同的实体企业受政府控制程度不同,企业的行为动机和经营目标也大相径庭。将实体企业分为国有企业(SOE=1)和非国有企业(SOE=0)两组分别进行固定效应回归,实证结果如表5-8第(1)列、第(2)列所示,其中非国有企业承担的综合税负率系数在1%的水平下显著为负,而国有企业承担的综合税负率系数虽然为负但是并不显著,结果验证了假设H11,税负调节对于不同产权性质的实体企业高质量发展的影响程度不同。之所以出现企业税负降低对非国有企业高质量发展的影响显著,而对国有企业高质量发展的影响不显著这一结果,可能是因为国有企业承担着部分公共职能,肩负着推动经济社会发展、维持社会稳定、提供就业岗位等重任,因而无论企业承担的税负高低都需要实现稳步发展,同时国有企业更易筹措资金,承担风险的能力更强,企业行为不易受政策改变而发生变化。而非国有企业面临着融资约束,企业规避风险的能力相对较弱,税负调节作用于非国有企业时容易对非国有企业承担的成本、持有的现金、投资的偏好等方面产生影响。当非国有企业承担的税负水平降低时,企业的融资约束得到缓解,企业拥有更多资金投资实业和进行创新,有利于企业形成核心竞争力,提升企业价值,推动企业实现高质量发展,因而税负调节对非国有企业高质量发展的影响更加显著。

二、企业规模异质性检验

不同规模企业对政策变化的感知程度和对政策的需求存在差异。将总样本按照企业规模的均值(size=21.9936)进行划分,将大于或等于均值的企业划分为大规模企业,将小于均值的企业划分为小规模企业,分别进行固定效应回归。表5-8第(3)列、第(4)列分别列示了大规模企业和小规模企业综合税负率与实体企业高质量发展之间的关系,其中大规模企业综合税负率系数为负但是并不显著,而小规模企业综合税负率系数在1%的显著性水平上为-0.5683。结果表明,企业税负对大规模企业和小规模企业高质量发展的影响程度不同,验证了假设H12。得到这一结果的原因在于,小规模企业生产规模较小、经营范围单一、融资约束较重、抵御风险的能力较弱,因而小规模企业更需要政府税收优惠政策的支持和保护,更易受到政府税收政策的调节,税负调节的效应更加明显。中小企业灵活性强,是国民经济的重要增长点。近年来,我国对企业的关注也逐渐从大型国有企业转向中小型企业,为中小型企业提供更多的税收优惠和政策支持,积极推动中小型实体企业实现高质量发展。

表5-8 产权性质和企业规模异质性结果

变量	(1) 非国有企业	(2) 国有企业	(3) 大规模企业	(4) 小规模企业
$Tb1$	-1.0244***	-0.1486	-0.2892	-0.5683***
	(-4.2503)	(-0.6295)	(-0.9998)	(-2.6252)
$size$	0.1333***	0.0701**	0.0971***	0.1016***
	(5.1191)	(2.4813)	(2.9282)	(3.9666)
$labor$	0.0163	0.0496**	0.0505**	0.0234
	(0.6795)	(2.2950)	(2.2122)	(1.0897)

续表

变量	（1）非国有企业	（2）国有企业	（3）大规模企业	（4）小规模企业
liquidity	-0.0354***	-0.0193***	-0.0296***	-0.0354***
	(-9.8083)	(-2.6878)	(-2.7515)	(-9.7295)
cash	0.0018	0.0002	0.0009	0.0005
	(1.6313)	(0.1813)	(0.9531)	(0.5879)
bigr	0.0481	-0.1973	-0.0469	-0.1234
	(0.3337)	(-1.4081)	(-0.3035)	(-0.9004)
aslbrt	0.2812**	-0.1135	0.1257	0.0458
	(2.2138)	(-0.8753)	(0.8182)	(0.4070)
_cons	-2.1756***	-1.0207	-1.7173**	-1.4153***
	(-4.2351)	(-1.6424)	(-2.2417)	(-2.7793)
Year * Ind	Yes	Yes	Yes	Yes
Observations	7184	5387	5726	6845
Within R^2	0.2394	0.1708	0.1487	0.2092

数据来源：根据 Stata 检验结果作者手工整理所得。

三、时间跨度异质性检验

回顾我国减税政策实施的历史，我国于 2008—2015 年实施结构性减税政策，2008 年首次提出"结构性减税"，从 2012 年开始逐步扩大"营改增"试点城市和试点行业。2016 年，我国开始实施全面减税降费政策，2016 年 5 月 1 日在全国范围和所有行业全面实现"营改增"，同时推行企业所得税改革等一系列普遍性减税降费政策，因而本书将 2008—2015 年划分为结构性减税时期，将 2016—2018 年划分为全面减税时期，探究所处时间跨度不同的实体企业税负高低对高质量发展的影响，结果如表 5-9 第（1）列、第（2）列所示。结果表明，无论是在结构性减税时期还是在全面减税时期,企业税负降低对实体企业高质量发展的促进作用都是显著的,但是单一环节的税负调节效应不如综合、全面税负调节的作用效果好,全面减税时期企业税负率系数为-0.7827,而结构性减税时期企业税负率系数为-0.4767。相比之下,全面减税时期税负降低对实体企业高质量发展的推动作用更大,验证了假设H13。

表5-9 时间跨度和所在地区异质性结果

变量	(1) 结构性减税时期	(2) 全面减税时期	(3) 东部地区	(4) 中部地区	(5) 西部地区	(6) 东北地区
$Tb1$	−0.4767**	−0.7827**	−0.6604***	−0.4220	−0.7478*	−0.1767
	(−2.4154)	(−2.2767)	(−2.7753)	(−1.0681)	(−1.8494)	(−0.2281)
$size$	0.1387***	0.0955*	0.1095***	0.1525***	0.0944*	0.1118
	(6.0917)	(1.8953)	(4.6210)	(3.5173)	(1.8477)	(1.0460)
$labor$	0.0141	0.1151***	0.0234	0.0171	0.0223	0.1676**
	(0.8023)	(2.6251)	(1.1110)	(0.5194)	(0.5730)	(2.5763)
$liquidity$	−0.0358***	−0.0200***	−0.0334***	−0.0367***	−0.0322***	−0.0246
	(−9.2868)	(−3.3007)	(−8.1314)	(−4.1582)	(−3.6486)	(−1.3198)
$cash$	0.0014*	0.0003	0.0001	0.0028**	0.0008	−0.0027
	(1.6644)	(0.2609)	(0.1379)	(2.0315)	(0.5139)	(−1.4518)
$bigr$	−0.0470	−0.5162*	−0.2195*	0.3559	−0.1875	0.6384**
	(−0.3635)	(−1.8874)	(−1.7513)	(1.1911)	(−0.7754)	(2.2396)
$aslbrt$	0.0790	0.0707	0.0836	0.2655	0.0397	0.4223
	(0.7465)	(0.4119)	(0.7029)	(1.1448)	(0.1830)	(0.9002)
$\_cons$	−2.3231***	−1.8495*	−1.5186***	−3.0312***	−1.4411	−3.6888
	(−4.9204)	(−1.8307)	(−3.0283)	(−3.1555)	(−1.3357)	(−1.5372)
Year * Ind	Yes	Yes	Yes	Yes	Yes	Yes
Observations	8829	3742	8062	2107	1804	591
Within R^2	0.1723	0.0591	0.1984	0.2781	0.2065	0.3201

数据来源:根据Stata检验结果作者手工整理所得。

四、所在地区异质性检验

为我国制定区域发展政策提供依据并科学反映我国不同区域社会经济发展状况,本书将我国31个省份(直辖市)划分为东部、中部、西部和东北四大经济区域。表5-9第(3)列至第(6)列分别列示了这四大经济区域的分组回归结果,结果显示,东部地区企业综合税负率系数在1%水平上显著为负,西部地区企业综合税负率系数在10%水平上显著为负,而中部地区和东北地区企业综合税负率系数不显著,假设H14得到验证,税负调节对不同地区实体企业高质量发展的影响存在差异。进一步分析这一结果的原因可能是因为,中部、西部和东北地区相较于东部地区经济发展水平落后、地方财政较为紧张,地方政府为保持财政收入,通过加强税收征管等方式将减税政策带来的收入减少补征回来,从而抵消了部分减税政策的效应,企业税负降低对高质量发展的作用效果并不明显。对于经济最为发达的东部地区,市场发展水平较高,信息较为公开透明,企业能够及时得到税收政策调节,从而降低企业要素成本,刺激企业投资,因而税负调节对东部地区实体企业高质量发展影响更加显著。

第三节 基于时滞性影响的进一步检验

考虑到税收政策实施后往往存在一定的时滞性,本节在验证了税负调节影响当期实体企业高质量发展的基础上,结合第二章第四节中基于时滞性的理论分析构建滞后回归模型对税负调节的长效机制进行检验。

一、滞后回归模型构建

考虑到税负调节影响实体企业高质量发展不仅局限于当前,还可能存在一定的时滞性,进一步引入滞后回归模型对税负调节的滞后效应进行研究,在公式(5.1)的基础上建立如下滞后回归模型:

$$HQD_{it} = \alpha_0 + \alpha_1 Tb_{it-1} + \alpha_2 Control_{it} + \mu_i + \omega_{t,j} + \varepsilon_{it} \quad (5.5)$$

$$HQD_{it} = \alpha_0 + \alpha_1 Tb_{it-2} + \alpha_2 Control_{it} + \mu_i + \omega_{t,j} + \varepsilon_{it} \quad (5.6)$$

$$HQD_{it} = \alpha_0 + \alpha_1 Tb_{it-3} + \alpha_2 Control_{it} + \mu_i + \omega_{t,j} + \varepsilon_{it} \quad (5.7)$$

其中,Tb_{it-1}为企业承担税负率的滞后一期值,Tb_{it-2}为企业承担税负率的滞后两期值,Tb_{it-3}为企业承担税负率的滞后三期值,用来检验税负调节未来一年、二年、三年与实体企业高质量发展之间的内在逻辑关系,其余变量与前面所述定义一致。

本书首先对企业承担综合税负的时滞性进行检验,其次针对不同税种进行时滞性检验,以此进一步探究不同税种对实体企业高质量发展的不同影响,最后针对不同产权性质和企业规模的实体企业分税种进行时滞性检验,用来探究针对不同类型实体企业税负调节在未来期间影响实体企业高质量发展的不同。

二、时滞性结果分析

(一)企业承担综合税负时滞性结果分析

表5-10列示了企业承担综合税负率滞后一期、二期和三期对实体企业高质量发展影响的实证结果。第(1)列至第(3)列为企业综合税负率滞后一期对实体企业高质量发展在控制不同变量时的结果,第(4)列至第(6)列为企业综合税负率滞后两期对实体企业高质量发展在控制不同变量时的结果,可以看出企业税负依然可以显著影响实体

企业高质量发展,企业综合税负降低对未来实体企业高质量发展仍具有推动作用,税负调节影响实体企业高质量发展具有时滞性,假设 H15 得到验证,但是这种作用同当期相比显著性明显下降,说明降低企业税负对实体企业高质量发展的促进作用随时间推移有所减弱。第(7)列为企业综合税负率滞后三期的结果,结果并不显著,说明降低企业税负推动实体企业高质量发展这一作用仅存在于未来两年期间。

表 5-10 综合税负时滞性检验结果

变量	(1)	(2)	(3)	(4)	(5)	(6)	(7)
	滞后一期			滞后二期			滞后三期
$Tb1(-1)$	−0.4239** (−2.0233)	−0.3454* (−1.6717)	−0.3793* (−1.8777)				
$Tb1(-2)$				−0.4976* (−1.8936)	−0.4575* (−1.7435)	−0.4457* (−1.6850)	
$Tb1(-3)$							−0.2453 (−1.1507)
_cons	0.6653*** (28.3188)	−1.6572*** (−3.3289)	−1.8854*** (−3.8002)	0.7362*** (27.7345)	−1.1522* (−1.9118)	−1.4181** (−2.3859)	−0.6932 (−1.0600)
Control	No	Yes	Yes	No	Yes	Yes	Yes
Year	Yes	Yes	No	Yes	Yes	No	No
Year * Ind	No	No	Yes	No	No	Yes	Yes
Observations	8764	8764	8764	7130	7130	7130	5831
Within R^2	0.0778	0.0944	0.1273	0.0588	0.0721	0.1083	0.0924

数据来源:根据 Stata 检验结果作者手工整理所得。

(二) 不同税种时滞性结果分析

在分析了企业承担综合税负对实体企业高质量发展时滞性影响的基础上,本书继续对企业承担的企业所得税和增值税这两种不同税种的滞后作用进行检验,结果如表 5-11 所示,第(1)列至第(3)列为企业所得税滞后一期、二期、三期的实证结果,第(4)列至第(6)列为增值税滞后一期、二期、三期的实证结果,均对控制变量和年份*行业效应进行了控制。结果表明企业所得税降低在未来第三年对实体企业高质量发展产生了促进作用,企业所得税政策实施存在着严重的滞后效应,而增值税降低对未来实体企业高质量发展的影响并不显著,进一步说明不同税种对实体企业高质量发展的影响不同。

表 5-11 不同税种时滞性检验结果

变量	(1)	(2)	(3)	(4)	(5)	(6)
	企业所得税			增值税		
$Tb2(-1)$	-0.0367 (-0.5387)					
$Tb2(-2)$		-0.0207 (-0.2918)				
$Tb2(-3)$			-0.1500** (-2.0704)			
$Tb3(-1)$				0.3193 (0.9533)		
$Tb3(-2)$					-0.1839 (-0.6142)	
$Tb3(-3)$						0.6484 (1.4187)
_cons	-1.8817*** (-3.7361)	-1.4200** (-2.3661)	-0.6454 (-0.9869)	-1.9094*** (-3.8224)	-1.4272** (-2.3957)	-0.6860 (-1.0488)
Control	Yes	Yes	Yes	Yes	Yes	Yes
Year*Ind	Yes	Yes	Yes	Yes	Yes	Yes
Observations	8764	7130	5831	8764	7130	5831
Within R^2	0.1267	0.1074	0.0932	0.1268	0.1074	0.0929

数据来源:根据 Stata 检验结果作者手工整理所得。

（三）不同类型企业时滞性结果分析

最后，本书对不同产权性质和企业规模的实体企业进行时滞性检验，表 5-12 为基于不同产权性质的时滞性检验结果，表 5-13 为基于不同企业规模的时滞性检验结果，分别对企业综合税负滞后一期和二期、企业所得税负滞后一期、增值税滞后一期影响实体企业高质量发展进行检验。

表 5-12 前四列为非国有企业的时滞性检验结果，后四列为国有企业的时滞性检验结果。从综合税负来看，非国有企业综合税负率滞后一期项系数在 1% 的水平上显著为负，滞后二期项系数不显著，而国有企业综合税负率滞后一期项系数不显著，滞后二期项系数在 10% 的水平上显著为负，这一结果意味着对非国有企业来说，企业综合税负降低将会促进本年度和未来一年企业高质量发展；对国有企业来说，综合税负降低在本年度没有起到促进企业高质量发展的作用，在企业税负降低的第二年才发挥效用。从企业所得税来看，非国有企业的企业所得税税负率滞后一期项系数在 5% 的水平上显著为负，国有企业的企业所得税税负率滞后一期项系数在 5% 水平上显著为正，说明企业所得税负降低对非国有企业未来一年高质量发展产生推动作用，而对国有企业来说却产生了抑制作用。这可能是因为国有企业与政府有着天然的联系，可以享受更多的税收优惠。当企业所得税处于较低水平时，企业所得税适当提高可以通过增加公共部门用于研发投入和人力积累的方式从而促进国有企业高质量发展。从增值税来看，结果均不显著。

表5-12 时滞性检验结果(基于产权性质)

变量	(1)	(2)	(3)	(4)	(5)	(6)	(7)	(8)
	非国有企业				国有企业			
$Tb1(-1)$	-0.8711*** (-2.9261)				0.1488 (0.6325)			
$Tb1(-2)$		-0.2785 (-0.8504)				-0.7028* (-1.8809)		
$Tb2(-1)$			-0.2198** (-2.2086)				0.1807** (2.0865)	
$Tb3(-1)$				0.1864 (0.4118)				0.5535 (1.5665)
_cons	-2.3612*** (-3.5774)	-1.8818** (-2.3660)	-2.2883*** (-3.4264)	-2.4423*** (-3.6430)	-1.3416* (-1.7287)	-0.8149 (-0.8770)	-1.4215* (-1.8189)	-1.3500* (-1.7440)
Control	Yes	Yes	Yes	Yes	Yes	Yes	Yes	Yes
Year*Ind	Yes	Yes	Yes	Yes	Yes	Yes	Yes	Yes
Observations	4935	3920	4935	4935	3829	3210	3829	3829
Within R^2	0.1624	0.1538	0.1613	0.1597	0.1312	0.1096	0.1326	0.1317

数据来源:根据Stata检验结果作者手工整理所得。

表5-13前四列为大规模企业的时滞性检验结果,后四列为小规模企业的时滞性检验结果。结果表明,税负调节对大规模企业高质量发展不存在时滞性。对于小规模企业来说,企业综合税负率滞后一期和滞后二期项系数均显著为负,且显著性逐年递减,说明企业综合税负降低对小规模企业高质量发展的影响存在滞后效应。企业所得税税负对小规模企业高质量发展不存在滞后影响,增值税税负率滞后一期系数在10%的显著性水平上为正,这一结果出现的原因可能是因为我国近年来对企业的关注逐渐从大型企业转向小型企业,政府在政策层面对小型企业予以更多的支持和保护,小规模企业享受了更多的税收优

惠。在税负水平较低的情况下,税负适当提高能够增加政府财政收入,有利于政府拥有更充足的资金完善市场,从而促进小规模企业价值提升。

表 5-13 时滞性检验结果(基于企业规模)

变量	(1)	(2)	(3)	(4)	(5)	(6)	(7)	(8)
	大规模企业				小规模企业			
$Tb1(-1)$	−0.0161 (−0.0547)				−0.4518 ** (−2.0043)			
$Tb1(-2)$		−0.1456 (−0.3022)				−0.4540 * (−1.8004)		
$Tb2(-1)$			−0.1095 (−0.8892)				−0.0403 (−0.5205)	
$Tb3(-1)$				0.3515 (0.8871)				0.8742 * (1.7551)
_cons	−1.6397 * (−1.7151)	−1.3829 (−1.3468)	−1.5760 (−1.6267)	−1.6649 * (−1.7336)	−2.8101 *** (−5.5283)	−2.3821 *** (−3.9554)	−2.5848 *** (−3.4841)	−2.6163 *** (−3.5544)
Control	Yes	Yes	Yes	Yes	Yes	Yes	Yes	Yes
Year * Ind	Yes	Yes	Yes	Yes	Yes	Yes	Yes	Yes
Observations	4359	3851	4359	4359	4405	3279	4405	4405
Within R^2	0.1166	0.1156	0.1169	0.1167	0.1279	0.1229	0.1344	0.1358

数据来源:根据 Stata 检验结果作者手工整理所得。

第四节 基于企业生命周期理论的进一步检验

基于第二章第四节企业生命周期的理论分析部分,本书认为实体企业处于不同的生命周期,其投资策略、盈利能力、创新能力、发展策略等均存在明显差异,制约企业发展的因素也不尽相同。结合中国税制主要特征,税负调节对处在不同生命周期的实体企业高质量发展的影响可能存在不同。本节通过划分企业生命周期不同阶段进行实证检验,为调整现行税制,使减税政策精准到位,更加契合实体企业生命周期特征提供依据。

一、企业生命周期划分

企业生命周期划分的方法大致可分为三种:利用企业年龄、盈利指标、企业规模等单一变量进行划分的单变量方法,Anthony 等(1992)提出的综合指标方法以及 Dickinson(2011)提出的现金流组合方法,其中现金流组合方法是通过组合不同现金流特征作为企业生命周期的代理变量。

Stickney 等(1999)的研究表明,公司经营、投资和筹资现金流在企业生命周期的不同阶段具有规律性变化。进一步对企业生命周期研究发现,与企业价值创造相关的经营活动、投资活动和筹资活动产生的现金流组合符号能够较为准确地度量企业所处生命周期的阶段。由于现金流组合方法能够避免单变量方法过于单一的缺点以及综合指标方法主观性强的弊端,具有较高的客观性和可操作性,能够通过三类活动现金流净额不同模式下的组合反映企业不同生命周期盈利能力、经营风险、增长速度等特征(刘诗源等,2020;余典范等,2022),因而本书选择现金流组合方法对实体企业生命周期进行划分,将样本分为成长期、成熟期、衰退期三个阶段,具体划分依据如表5-14 所示。

表 5-14　企业不同生命周期现金流组合类型

现金流	成长期		成熟期	衰退期				
	初创期	增长期	成熟期	衰退期	衰退期	衰退期	淘汰期	淘汰期
经营现金流	−	+	+	−	+	+	−	−
投资现金流	−	−	−	−	+	+	+	+
筹资现金流	+	+	−	−	+	−	+	−

二、主要变量分阶段统计和检验

表 5-15 列示了对主要变量进行分企业生命周期阶段的均值统计和各生命周期的独立样本 t 检验结果,从观测值个数可以看出,样本中成长期的实体企业最多,成熟期实体企业数量次之,而衰退期实体企业明显少于前两个阶段,这与已有研究以及我国资本市场特征一致。

表 5-15　主要变量分企业生命周期统计和检验

主要变量	各阶段平均值			t 统计量		
	成长期	成熟期	衰退期	成熟 vs 成长	衰退 vs 成长	成熟 vs 衰退
$Tb1$	0.059 (0.045)	0.069 (0.052)	0.063 (0.049)	0.011*** (0.001)	0.004*** (0.001)	0.007*** (0.001)
$Tb2$	0.146 (0.085)	0.161 (0.087)	0.161 (0.115)	0.014*** (0.002)	0.015*** (0.002)	−0.000 (0.003)
$Tb3$	0.012 (0.022)	0.011 (0.019)	0.015 (0.033)	−0.001* (0.000)	0.003*** (0.001)	−0.004*** (0.001)
$size$	22.124 (1.110)	21.948 (1.161)	21.733 (1.054)	−0.177*** (0.022)	−0.392*** (0.029)	0.215*** (0.031)

续表

主要变量	各阶段平均值			t 统计量		
	成长期	成熟期	衰退期	成熟 vs 成长	衰退 vs 成长	成熟 vs 衰退
labor	7.831 (1.094)	7.830 (1.132)	7.409 (1.072)	-0.000 (0.022)	-0.422*** (0.029)	0.422*** (0.030)
liquidity	1.916 (1.581)	2.564 (2.469)	2.722 (2.520)	0.649*** (0.039)	0.806*** (0.049)	-0.157** (0.068)
cash	0.651 (4.274)	2.009 (4.414)	0.294 (4.636)	1.358*** (0.085)	-0.357*** (0.116)	1.714*** (0.122)
bigr	0.345 (0.141)	0.374 (0.153)	0.341 (0.148)	0.029*** (0.003)	-0.004 (0.004)	0.033*** (0.004)
aslbrt	0.877 (0.075)	0.861 (0.076)	0.858 (0.078)	-0.016*** (0.001)	-0.019*** (0.002)	0.003 (0.002)
观测值	5904	4756	1860	—	—	—

数据来源:根据 Stata 检验结果作者手工整理所得。

从企业所得税税率来看,成熟期和衰退期差别不大但均大于成长期,企业所得税是针对企业经营所得征收的税种,企业处于成长期时尚未开始盈利因而缴纳的企业所得税税率较低;从增值税税率来看,企业衰退期大于成长期、成长期大于成熟期,企业处于成长期时需要购置固定资产进行大量投资,但是经营业务仍处于起步阶段导致无法获得销项税对税负进行转嫁,因而成长期税负高于成熟期;从企业综合税负率来看,成熟期大于衰退期、衰退期大于成长期,但是三者之间差距并不大。从其他控制变量可以看出,成熟期企业规模最大,这也符合单指标划分企业生命周期的结果;当企业处于衰退期时其劳动力规模明显降低;衰退期企业流动比率较高;当企业处于成长期和衰退期时盈利较低,因而经营现金流较少;企业处于成熟期时第一大股东持股比例最高;由于成长期企业需举债进行投资,其资产负债率略高于成熟期和衰退期。

三、基于企业生命周期的检验结果

基于企业生命周期理论,分阶段对税负调节影响实体企业高质量发展进行检验,表5-16第(1)列、第(2)列列示了成长期企业承担的综合税负率对实体企业高质量发展的作用效果,第(1)列为仅控制个体效应和年份效应的回归结果,第(2)列为加入控制变量后控制个体效应和年份*行业效应的结果,结果表明企业税负降低能显著推动成长期实体企业高质量发展,第(3)列、第(4)列分别为成熟期和衰退期企业检验结果,税负调节对成熟期和衰退期实体企业高质量发展的影响并不显著,假设H16成立。

表5-16 基于企业生命周期的检验结果

变量	(1) 成长期	(2) 成长期	(3) 成熟期	(4) 衰退期
$Tb1$	−0.7109**	−0.5208*	−0.0536	−0.4578
	(−2.4611)	(−1.8523)	(−0.1849)	(−0.8047)
$size$		0.1401***	0.0510	0.0988
		(5.3391)	(1.3283)	(1.5968)
$labor$		0.0238	0.0355	0.0310
		(1.0331)	(1.2205)	(0.5792)
$liquidity$		−0.0269***	−0.0335***	−0.0463***
		(−3.9669)	(−6.4435)	(−5.4890)
$cash$		0.0009	−0.0000	−0.0014
		(0.7864)	(−0.0045)	(−0.5449)
$bigr$		−0.1287	0.0146	−0.1166
		(−0.8420)	(0.0875)	(−0.3301)

续表

变量	(1) 成长期	(2) 成长期	(3) 成熟期	(4) 衰退期
aslbrt		0.0663 (0.5201)	0.2268 (1.2880)	0.2747 (0.6739)
_cons	0.5648*** (15.1982)	-2.3312*** (-4.0535)	-0.6734 (-0.8671)	-1.6795 (-1.1958)
Year	Yes	No	No	No
Year * Ind	No	Yes	Yes	Yes
Observations	5904	5904	4756	1860
Within R^2	0.1346	0.2162	0.1990	0.2515

数据来源:根据 Stata 检验结果作者手工整理所得。

税负调节仅对处于成长期阶段的实体企业高质量发展具有显著影响是因为:一方面,处于成长期的企业尚未在市场上立足,企业创新研发、提升价值、实现高质量发展的意愿更强烈,往往更加渴望寻求政府税收支持,对税负调节的敏感度更高;另一方面,成长期企业尚未实现盈利导致内源性融资较低,同时由于企业经营风险较高且尚未建立市场声誉限制了企业外源性融资,企业面临着较高的融资约束,但是处于成长期的企业迫切需要资金扩大投资和建设规模,因而当企业承担的税负降低时,能够显著降低企业成本,增加企业现金流量,从而助推实体企业实现高质量发展。

第五节　本章小结

税负调节是政府激发微观企业活力,推动实体企业高质量发展的重要手段之一。首先,本章在理论模型和理论分析的基础上,通过构建固定效应模型对税负调节如何影响实体企业高质量发展进行实证检验,结果显示降低企业承担的税负能够显著推动实体企业高质量发展。为避免内生性问题,本书利用工具变量法和两阶段最小二乘回归进一步进行检验。为证明实证结果稳健,利用全要素生产率代替被解释变量通过构建固定效应模型和利用"营改增"政策这一准自然实验构建双重差分模型,通过加入其他控制变量,利用制造业小样本进行稳健性检验,结果均表明实证结果可靠,假设 H9 成立。本章还针对不同税种进行检验,研究发现不同税种对实体企业高质量发展影响不同,企业所得税变化对实体企业高质量发展影响显著,增值税变化对实体企业高质量发展影响并不显著,假设 H10 得到验证。其次,本章通过分组回归对税负调节影响实体企业高质量发展的异质性进行检验,结果显示企业的综合税负降低对非国有企业、小规模企业的高质量发展影响更显著,实体企业处于全面减税时期比处于结构性减税时期的减税效应更强,企业所在地区为东部地区时税负调节对实体企业高质量发展影响最为显著,税负调节对西部地区实体企业的显著性较弱,而对中部和东北地区的实体企业来说并不显著,假设 H11 至 H14 得到验证。再次,通过构建滞后回归模型对税负调节影响实体企业高质量发展的滞后效应进行检验,结果表明降低企业税负对实体企业高质量发展的影响存在两期滞后效应,假设 H15 得到检验,同时发现不同税种、不同类型企业的时滞性检验结果有所差异。最后,基于企业生命周期理论,本章分阶段对税负调节影响实体企业高质量发展进行检验,结果表明降低企业税负能够显著促进成长期实体企业高质量发展,但是对处于成熟期和衰退期的实体企业来说并没有显著影响,验证了假设 H16。研究为继续实施减税政策助力实体企业高质量发展,使减税"红包"精准落袋,进一步推动减税政策"落地生根"提供理论依据和实证支持。

第 六 章

税负调节、资产收益率宽幅度与实体企业高质量发展的实证分析

通过前面第四章和第五章实证检验发现,资产收益率宽幅度是抑制实体企业高质量发展的内部因素,税负调节是影响实体企业高质量发展的外部因素。结合第二章第五节理论分析的内容,本书认为为推动实体企业高质量发展,应有效管控资产收益率宽幅度,发挥税收政策引导资金流向、调节企业收益公平的作用,税负调节这一外部因素能够通过调控资产收益率宽幅度这一内部因素进而对实体企业高质量发展产生影响。那么,资产收益率宽幅度是税负调节影响实体企业高质量发展的作用渠道吗?税负调节又是通过何种机制影响资产收益率宽幅度的呢?针对不同类型的实体企业,资产收益率宽幅度的渠道作用又有何不同呢?为探究税负调节、资产收益率宽幅度与实体企业高质量发展三者之间的关系,本章将对上述一系列问题进行检验和解答。

第一节 税负调节通过资产收益率宽幅度影响实体企业高质量发展的实证检验

资产收益率宽幅度拉大改变了企业的投融资行为和风险偏好,是抑制实体企业高质量发展的深层次原因,而税负调节是政府提振企业信心,帮助企业走出经营困境,影响企业再投资和风险承担能力,引导企业资金流向有力的政策工具。为推动实体企业高质量发展,防止资产收益率宽幅度进一步拉大,应有效发挥税收杠杆的调控作用。那么税负调节是否可以通过调控资产收益率宽幅度进而推动实体企业高质量发展呢?为探究税负调节与资产收益率宽幅度如何影响实体企业高质量发展,本节将进一步实证检验税负调节、资产收益率宽幅度与实体企业高质量发展三者之间的关系,为更好地发挥税收政策的调节作用,缩窄资产收益率宽幅度,促进实体企业高质量发展提供经验证据。

一、中介效应模型构建

(一) 数据来源与数据处理

2007年,企业会计准则正式实施。2019年,金融工具准则对金融资产会计处理进行重大变革。2020—2022年企业投资数据受新冠疫情影响可能会产生偏误。为保证指标的前后可比性和一致性,本书将样本期间限定在2008—2018年。选择2008—2018年沪深A股上市公司按照证监会2012年版行业分类剔除金融业和房地产业作为初始样本,剔除ST类上市公司,剔除部分存在缺失值和异常值的数据,参考吴联生(2009)的研究剔除实际税负率大于1或小于0的样本,最终得到10377个"公司—年度"样本。除教育费附加、消费税、企业性质数据来源于 WIND 数据库,其他数据均来源于 CSMAR 数据库。对所有连续变量按照上下1% 进行 Winsorize 处理以减轻异常值对结果的影响,同时进行 Robust 稳健标准误处理以消除企业个体效应导致的异方差问题。

(二) 模型构建

以往在进行中介效应检验时通常采用温忠麟等(2004)的三步法,但近期文献中对三步法提出了批评,研究认为当前利用三步法进行中介效应检验的研究缺乏理论机制分析,推荐使用两步法进行渠道检验(江艇,2022)。但是仍有部分研究表明若建立在严格理论机制分析的基础上仍然可以采用三步法对中介效应进行检验(毛捷等,2022;李明洋等,2022)。本书建立的中介效应模型基于严格的理论分析,同时本书既要考察税负调节对资产收益率宽幅的调控作用,还要考察资产收益率宽幅度和税负调节对实体企业高质量发展的影响,因而本书首先依据三步法构建如下中介效应检验模型,同时依照两步法的识别策略,为防止估计效应出现偏误,仅估计公式(6.1)和公式(6.2)进行渠道检验,估计公式(6.3)作为渠道检验的辅助性证据,不讨论其效应大小(申亮等,2022)。

考虑到实体企业高质量发展的动态连续性变化,本书构建动态面板模型,利用两步系统 GMM 方法对税负调节通过调控资产收益率宽幅度进而影响实体企业高质量发展这一假说进行实证检验。借鉴成学真等(2020)的研究,渠道检验前后需采用相同的估计方法,因而构建如下三式分别检验税负调节对实体企业高质量发展的直接影响,税负调节如何调控资产收益率宽幅度以及在控制税负调节的基础上资产收益率宽幅度如何影响实体企业高质量发展。

$$HQD_{it} = \alpha_0 + \alpha_1 HQD_{it-1} + \alpha_2 Tb_{it} + \alpha_3 size + \alpha_4 labor + \alpha_5 liquidity +$$
$$\alpha_6 cash + \alpha_7 bigr + \alpha_8 aslbrt + \mu_i + \omega_t + \varepsilon_{it} \quad (6.1)$$

$$RS_{it} = \beta_0 + \beta_1 RS_{it-1} + \beta_2 Tb_{it} + \beta_3 size + \beta_4 labor + \beta_5 liquidity +$$
$$\beta_6 cash + \beta_7 bigr + \beta_8 aslbrt + \mu_i + \omega_t + \varepsilon_{it} \quad (6.2)$$

$$HQD_{it} = \gamma_0 + \gamma_1 HQD_{it-1} + \gamma_2 RS_{it} + \gamma_3 Tb_{it} + \gamma_4 size + \gamma_5 labor +$$
$$\gamma_6 liquidity + \gamma_7 cash + \gamma_8 bigr + \gamma_8 aslbrt + \mu_i + \omega_t + \varepsilon_{it}$$
$$(6.3)$$

(三)变量定义

1. 被解释变量:HQD 为被解释变量表示实体企业高质量发展,利用第三章构建的实体企业高质量发展指数进行衡量。

2. 解释变量:解释变量 Tb 表示企业实际承担的税负率,是税负调节的代理变量,与前面一致,这里首先采用综合税负率 $Tb1$ 度量企业承担的税收负担,基于现金流量表对企业综合税负进行计算,具体计算公式为:企业综合税负率($Tb1$)=(支付的各项税费-收到的税费返还)/营业收入,综合税负率指标涵盖多个税种,能够更为全面、准确地衡量税负调节的作用。为进一步探究不同税负的影响,分别选取企业所得税和增值税作为直接税和间接税的代表税种,企业所得税税负率($Tb2$)具体的计算方式为所得税费用与息税前利润的比值,增值税税负率($Tb3$)=(教育费附加/0.03-消费税)/营业收入。

3. 中介变量:RS 为中介变量表示资产收益率宽幅度,具体计算方法为:资产收益率宽幅度(RS)=(当期公允价值变动收益+投资收益)/包括投资性房地产在内的金融资产总额-(当期营业利润-公允价值变动收益-投资收益)/经营资产总额,其中金融资产总额的计算方式与前面保持一致,经营资产总额等于总资产减去金融资产总额。

4.控制变量:本书的控制变量包括企业规模($size$)、企业劳动力规模($labor$)、流动比率($liquidity$)、企业经营现金流($cash$)、第一大股东持股比例($bigr$)、企业资产负债率($aslbrt$),具体计算方法与前面第四章计算方法相同。另外,式中μ_i表示公司个体固定效应,ω_t表示年份固定效应,ε_{it}为随机误差项。

二、中介效应结果与分析

(一) 描述性统计分析

表6-1为主要变量的描述性统计结果,其中实体企业高质量发展指数的均值为0.7956,说明平均来看我国实体企业高质量发展状态良好,但是发展水平还有待提高,若想实现经济高质量发展,推动微观实体企业高质量发展迫在眉睫,HQD最小值和最大值相差较大,说明我国实体企业间高质量发展状况存在较大差异,不同企业间发展水平并不平衡。资产收益率宽幅度均值为0.0469,说明包括投资性房地产在内的金融资产收益率平均高于经营资产收益率4.69个百分点。当前,我国实体企业确实存在等量资产由于资产形态不同而收益率差距持续拉大的资产收益率宽幅度现象。而在税收负担方面,综合税负率均值为6.38%,企业所得税税负率均值为15.51%,增值税税负率均值为1.23%。观察各税负率的最小值和最大值可以看出,不同企业承担的税负率差距较大,这容易造成企业间资源配置扭曲,不利于形成公平竞争的市场环境。其余变量与已有研究基本一致。

表 6-1 主要变量的描述性统计结果

varname	N	mean	sd	min	max
HQD	10377	0.7956	0.6718	-0.3986	2.6736
RS	10377	0.0469	0.2228	-0.5053	0.8665
Tb1	10377	0.0638	0.0487	0.0000	0.5369
Tb2	10377	0.1551	0.0890	0.0000	0.9983
Tb3	10377	0.0123	0.0234	0.0000	0.5266
size	10377	21.9210	1.1064	19.6270	26.0260
labor	10377	7.7078	1.0992	4.8283	11.1301
liquidity	10377	2.3439	2.1918	0.2776	18.9525
cash	10377	1.1550	4.3336	-17.2215	23.3570
bigr	10377	0.3542	0.1462	0.0898	0.7489
aslbrt	10377	0.8684	0.0762	0.7024	0.9972

数据来源：WIND 和 CSMAR 数据库。

（二）中介效应结果分析

为探究税负调节、资产收益率宽幅度和实体企业高质量发展三者之间的关系，本书对公式(6.1)至公式(6.3)进行估计，结果如表6-2所示。首先，在使用两步系统 GMM 方法时需要通过两个假设检验，第一是需要进行过度识别检验，采用 Hansen 检验，若结果中 P 值大于0.1，则说明工具变量满足内生性条件；第二是需要进行误差项的自相关检验，结果需要满足 $AR(1)Test$ 的 P 值小于0.1，而 $AR(2)Test$ 的 P 值大于0.1，说明误差项一阶差分存在自相关而二阶差分不存在自相关。表中显示，所有估计均满足上述条件。

第(1)列显示了税负调节影响实体企业高质量发展的估计结果，结果与上述分析保持一致，企业承担的综合税负率与实体企业高质量发展呈显著负相关关系，说明企业承担的税负越重，实体企业高质量发展指数越低，较高的税负不利于实体企业实现高质量发展。第(2)列是税负调节影响资产收益率宽幅度的估计结果,结果显示综合税负率 $Tb1$ 的系数在10%的水平上显著为正,说明企业承担的综合税负与资产收益率宽幅度同向变化,企业税负越高资产收益率宽幅度拉大,企业税负越低资产收益率宽幅度缩窄,税负调节能够调控资产收益率宽幅度。为防止估计效应出现偏误,第(3)列的结果仅作为辅助性证据,不讨论渠道作用大小。第(3)列的结果显示,企业综合税负率 $Tb1$ 的系数在10%的水平上显著为负,资产收益率宽幅度的系数在1%的水平上显著为负,较高的企业税负以及资产收益率宽幅度拉大都将抑制实体企业高质量发展。

表6-2 税负调节、资产收益率宽幅度与实体企业高质量发展

变量	(1) HQD	(2) RS	(3) HQD
L.HQD	1.0063*** (10.4858)		0.5637*** (9.0007)
L.RS		0.4473*** (3.0940)	
$Tb1$	−3.0457* (−1.6593)	1.7089* (1.7027)	−6.3505* (−1.6853)
RS			−1.7857*** (−2.8747)
size	0.3371* (1.8447)	0.0451 (1.0876)	−0.0368 (−0.4592)
labor	−0.2803* (−1.8173)	−0.0041 (−0.0939)	−0.0618 (−0.7141)
liquidity	0.0771 (0.9487)	−0.0056 (−0.5078)	−0.0256 (−1.2633)
cash	−0.0010 (−0.0544)	0.0146* (1.7558)	0.0013 (0.4633)

续表

变量	(1) HQD	(2) RS	(3) HQD
bigr	−0.5995	−0.4558*	0.6213
	(−0.8889)	(−1.7206)	(0.7548)
aslbrt	1.8664	−0.0720	0.5373
	(1.4613)	(−0.3305)	(1.6313)
_cons	−6.5735*	−0.8141	1.3678
	(−1.6549)	(−1.1177)	(0.9636)
Observations	6666	6666	6666
Year	Yes	Yes	Yes
Hansen test	0.819	0.834	0.234
AR(1)Test	0.026	0.000	0.000
AR(2)Test	0.862	0.142	0.766

注:括号中为相应的t统计量,***、**、*分别表示1%、5%和10%的显著性水平(下同)。
数据来源:根据Stata检验结果作者手工整理所得。

以上结果支持假设H17,税负调节通过调控资产收益宽幅度从而影响实体企业高质量发展。税收杠杆具有税负公平和收益公平的调节作用。当实体企业税负增加时,较高的税负削减了企业的税后留利,减少了企业的现金持有,降低了经营资产收益率,为追求利润最大化,企业具有强烈的动机通过其他途径弥补利润损失。一方面,金融资产流动性更强,投资周期短,资产配置轻量化,具有更高的收益率。另一方面,金融资产收益在等量业务情况下承担了比实体投资收益更低的税费,再加之企业对经营资产收益率预期的降低,企业将会把有限的资金投入金融资产,导致金融资产收益率持续走高,经营资产收益率持续走低,资产收益率宽幅度拉大,改变了企业的行为和风险偏好,造成实体企业行为异化,导致企业金融化程度加深,挤出实业投资,造成企业创新能力降低,不利于企业市场竞争力的提升,抑制实体企业高质量发展。当实体企业税负降低时,增加了企业的留存收益和现金持有,经营资产收益率提升,此时税收杠杆引导资金流向经营资产,对金融资产产生挤出作用,缩窄资产收益率宽幅度,增加企业投资主业和增强创新能力的意愿,进一步改善企业财务状况,有利于企业形成核心竞争力和良好的社会形象,从而促进实体企业高质量发展。综上所述,资产收益率宽幅度是税负调节影响实体企业高质量发展的作用渠道。

三、稳健性检验

首先,考虑到可能存在遗漏变量的问题,由于总资产收益率是衡量企业盈利能力的重要指标之一,也是影响实体企业高质量发展的因素,因而本书将企业的总资产收益率(ROA)纳入基准回归模型中重新进行估计,回归结果如表6-3第(1)列、第(2)列所示,加入总资产收益率这一控制变量后,结果与基准回归结果基本一致,企业承担的综合税负率和实体企业高质量发展指数呈现显著负相关关系,而与资产收益率宽幅度呈现显著正相关关系,说明降低实体企业税负能够有效调控资产收益率宽幅度从而推动实体企业高质量发展。

其次,直辖市作为一个国家重要的行政单位,在区域发展中发挥着举足轻重的作用,直辖市的资源相对来说更为集中、经济发展成就较高、经济活力较强,由于直辖市相比于其他城市具有明显的区位优势和经济政治优势,为排除优势地域对实证结果的影响,将我国的四个直辖市——北京、上海、天津、重庆的数据进行剔除后重新进行估计,结果如表6-3第(3)列、第(4)列所示,结果与基准回归结果基本一致。

最后,推动制造业企业发展是全面夯实实体经济的基础,实现制造业企业高质量发展是实现我国经济高质量发展的必经之路,因而本书以制造业企业为样本重新进行模型估计,结果如表6-3第(5)列、第

(6)列所示,结果与基准回归结果基本一致。需要说明的是,由于公式(6.3)的估计结果仅作为辅助性结果,因此未在表6-3中进行列示,同时表中所有估计均满足两步系统GMM所需通过的两个假设检验。上述检验均说明税负调节通过调控资产收益率宽幅度从而影响实体企业高质量发展这一实证结果是稳健可靠的。

表6-3 稳健性检验结果

变量	增加控制变量		剔除直辖市		制造业小样本	
	(1)	(2)	(3)	(4)	(5)	(6)
	HQD	RS	HQD	RS	HQD	RS
L.HQD	0.8669***		0.6755***		0.8768***	
	(5.6168)		(5.7072)		(7.0743)	
L.RS		0.2649***		0.4008***		0.3857*
		(6.9434)		(2.6433)		(1.9517)
Tb1	−9.6474***	1.9504**	−2.9327*	3.4880**	−4.2767*	1.7379**
	(−2.6720)	(2.0455)	(−1.6987)	(2.2168)	(−1.8652)	(2.3746)
size	0.0049	0.0304	0.0913	0.0435	0.0245	0.0524*
	(0.0420)	(0.7470)	(1.3174)	(0.9124)	(0.0596)	(1.7932)
labor	−0.1705*	0.0021	−0.1550**	−0.0264	−0.0686	−0.0042
	(−1.6843)	(0.0487)	(−1.9967)	(−0.4828)	(−0.1641)	(−0.1469)
liquidity	−0.0164	−0.0051	0.0069	−0.0082	0.0291	−0.0023
	(−0.6164)	(−0.5204)	(0.3708)	(−0.7135)	(0.3250)	(−0.3803)
cash	−0.0029	0.0092	−0.0112	0.0113	0.0032	−0.0007
	(−0.7292)	(1.0973)	(−1.4962)	(1.5048)	(0.1847)	(−0.6719)
bigr	1.0099	−0.3272	0.0349	−0.8328**	−0.4000	−0.1324
	(1.2471)	(−1.5619)	(0.0868)	(−2.3490)	(−0.2921)	(−0.5602)
aslbrt	0.1441	−0.0466	0.6801	0.0608	1.6188	0.3415***
	(0.4335)	(−0.2307)	(1.5416)	(0.2491)	(0.9042)	(2.7328)
ROA	2.1733***	−0.6905*				
	(3.1653)	(−1.8510)				

续表

变量	增加控制变量		剔除直辖市		制造业小样本	
	(1)	(2)	(3)	(4)	(5)	(6)
	HQD	*RS*	*HQD*	*RS*	*HQD*	*RS*
_cons	1.6653	-0.6029	-0.9173	-0.7114	-0.9370	-1.4331***
	(0.7764)	(-0.8707)	(-0.7041)	(-0.8727)	(-0.1404)	(-2.8027)
Observations	6666	6666	5558	5558	4583	4583
Year	Yes	Yes	Yes	Yes	Yes	Yes
Hansen test	0.246	0.568	0.828	0.863	0.852	0.677
AR(1)Test	0.036	0.000	0.000	0.000	0.000	0.000
AR(2)Test	0.684	0.223	0.173	0.389	0.331	0.355

数据来源:根据 Stata 检验结果作者手工整理所得。

四、不同税种的差异性检验

以企业所得税和增值税分别作为直接税和间接税的代表税种代替解释变量考察不同税种、资产收益率宽幅度和实体企业高质量发展之间的关系,为进一步实施结构性减税提供经验证据。表6-4为不同税种的检验结果,前三列为企业所得税、资产收益率宽幅度和实体企业高质量发展之间的关系,后三列为增值税、资产收益率宽幅度和实体企业高质量发展之间的关系,模型均通过两步系统GMM假设检验。

表6-4　不同税种的检验结果

变量	企业所得税			增值税		
	HQD	*RS*	*HQD*	*HQD*	*RS*	*HQD*
L.HQD	0.6184***		0.5094***	0.8422***		0.5863***
	(9.5745)		(7.5735)	(9.5806)		(11.4849)
L.RS		0.2691***			0.2859**	
		(5.0007)			(2.1353)	

续表

变量	企业所得税			增值税		
	HQD	RS	HQD	HQD	RS	HQD
$Tb2$	-2.2981*	1.3736*	-3.0409***			
	(-1.6615)	(1.6780)	(-2.6096)			
$Tb3$				-0.5329	1.1856	-0.0614
				(-0.1582)	(1.4076)	(-0.0221)
RS			-1.6096***			-0.0603
			(-2.7261)			(-0.2871)
$size$	0.0530	-0.1669	-0.1231	0.0596	0.0560*	0.1851***
	(0.4547)	(-1.6997)	(-1.4170)	(0.3960)	(1.7010)	(2.5960)
$labor$	-0.1173	0.1867**	-0.0040	-0.0510	-0.0261	-0.2310***
	(-1.1086)	(2.1796)	(-0.0493)	(-0.2926)	(-0.7378)	(-2.8179)
$liquidity$	0.0462	-0.0265	-0.0326	0.0312	-0.0055	0.0222
	(1.4399)	(-0.5993)	(-1.5647)	(0.3545)	(-0.5991)	(1.3530)
$cash$	-0.0046	0.0104	-0.0003	-0.0078	0.0118**	-0.0007
	(-0.2422)	(0.8446)	(-0.1058)	(-0.2870)	(2.2463)	(-0.0908)
$bigr$	0.6928	0.3063	0.0064	-0.7179	-0.2360	-0.4258
	(1.0411)	(0.8503)	(0.0104)	(-1.1670)	(-1.3126)	(-1.2229)
$aslbrt$	0.4958	-1.1697	0.4314	1.1140	-0.1546	1.0976***
	(0.9313)	(-1.6276)	(1.4147)	(0.7048)	(-0.8115)	(2.7408)
$\_cons$	-0.6002	2.9729	3.4685**	-1.4892	-0.7918	-2.7541**
	(-0.2576)	(1.3576)	(2.0583)	(-0.4096)	(-1.3404)	(-2.1163)
Observations	6666	6666	6666	6666	6666	6666
Year	Yes	Yes	Yes	Yes	Yes	Yes
Hansen test	0.688	0.885	0.394	0.694	0.768	0.234
$AR(1)Test$	0.000	0.009	0.000	0.000	0.000	0.000
$AR(2)Test$	0.217	0.954	0.632	0.291	0.322	0.278

数据来源:根据 Stata 检验结果作者手工整理所得。

结果显示,企业所得税降低有利于推动实体企业高质量发展,这种影响是通过调控资产收益率宽幅度发挥作用的。企业所得税降低能够显著缩窄资产收益率宽幅度从而促进实体企业高质量发展;而增值税对资产收益率宽幅度和实体企业高质量发展的影响并不显著。结果支持了假设H18,不同税种对资产收益率宽幅度的调控作用存在差异,进而对实体企业高质量发展产生了不同影响。这一结果产生的原因可能是因为,增值税的间接税性质决定了其变动对企业的影响可能并不直接,还依赖于企业议价能力、宏观经济环境的变化等因素,因而增值税变动对资产收益率宽幅度的调控作用并不明显,导致其对实体企业高质量发展的影响也不显著。

第二节 税负调节影响资产收益率宽幅度的作用机制检验

为更加深入探究资产收益率宽幅度的中介作用,本节进一步对税负调节影响资产收益率宽幅度的作用机制进行检验。通过第二章第五节的理论分析,本书认为在不同营商环境、不同财政压力和不同金融发展水平下,税负调节影响资产收益率宽幅度的程度存在差异,依据江艇(2022)提出的作用机制识别程序,构造调节变量和企业税负的交互项并纳入模型中对营商环境、财政压力和金融发展水平的调节效应进行检验。

一、营商环境的调节效应检验

(一)影响机制模型构建

为检验营商环境对企业税负与资产收益率宽幅度关系的调节效

应,本书依据作用机制识别程序,构造营商环境和企业承担综合税负率的交互项并将其纳入模型中:

$$RS_{it} = \beta_0 + \beta_1 RS_{it-1} + \beta_2 Tb1_{it} + \beta_3 Tb1_{it} \times MAR_{it} + \beta_4 MAR_{it} + \beta_5 Controls_{it} + \mu_i + \omega_t + \varepsilon_{it} \quad (6.4)$$

其中,MAR代表调节变量营商环境,借鉴唐红祥等(2020)、张青(2022)的研究,本书使用王小鲁等(2019)编著的《中国分省份市场化指数报告(2018)》中的市场化指数总得分衡量各省份营商环境发展的总体水平,该指数值越大说明市场化水平越高,营商环境越好。这里需要重点关注的估计系数是β_3,其余变量与上述分析一致。

(二)实证结果与分析

表6-5第(1)列是公式(6.4)的估计结果,企业承担的综合税负率与营商环境的交乘项系数为0.7851,在10%的水平上显著,验证了假设H19,营商环境是税负调节影响资产收益率宽幅度的作用机制。结果表明,改善营商环境对税负调节影响资产收益率宽幅度有正向调节作用。在营商环境较好的地区,改变实体企业承担的税负程度能够更加显著地调控资产收益率宽幅度。出现这一结果的原因可能是因为,改善营商环境有利于维护公平竞争的市场环境,提高政府行为透明度,扫除企业经营过程中遇到的障碍,因而在营商环境宽松的地区,当企业承担的税负程度降低时,能够有效降低企业承担的成本,增强企业投资经营资产的意愿,有效缩窄资产收益率宽幅度。改善营商环境有利于发挥税收杠杆的调控作用,管控资产收益率宽幅度。

表 6-5 税负调节影响资产收益率宽幅度的作用机制检验结果

变量	(1) 营商环境	(2) 财政压力	(3) 地区金融发展水平
L.RS	0.2313***	0.2473***	0.2318***
	(5.9124)	(7.2733)	(5.8051)
Tb1	1.6767*	0.8499	0.6192
	(1.6600)	(1.0774)	(1.0167)
Tb1 * MAR	0.7851*		
	(1.6807)		
MAR	−0.0279*		
	(−1.8131)		
Tb1 * FP		−0.5838*	
		(−1.7202)	
FP		0.0419	
		(1.2477)	
Tb1 * EPU			4.2009***
			(2.6618)
EPU			−0.1727
			(−1.0006)
_cons	−0.9139	−1.1464*	−0.5394
	(−1.2504)	(−1.9055)	(−1.0135)
Observations	6666	6666	6666
Year	Yes	Yes	Yes
Control	Yes	Yes	Yes
Hansen test	0.845	0.186	0.211
AR(1) Test	0.000	0.000	0.000
AR(2) Test	0.186	0.295	0.504

数据来源:根据 Stata 检验结果作者手工整理所得。

二、财政压力的调节效应检验

(一) 影响机制模型构建

为检验财政压力对税负调节与资产收益率宽幅度关系的调节效应,构造财政压力和企业承担综合税负率的交互项并将其纳入模型中,具体模型如下:

$$RS_{it} = \beta_0 + \beta_1 RS_{it-1} + \beta_2 Tb1_{it} + \beta_3 Tb1_{it} \times FP_{it} + \beta_4 FP_{it} + \beta_5 Controls_{it} + \mu_i + \omega_t + \varepsilon_{it} \quad (6.5)$$

其中,FP 为调节变量财政压力。衡量财政压力有多种方式,利用财政收支缺口衡量财政压力是学术界较为普遍的做法,本书借鉴申亮等(2022)研究使用财政收支缺口占比衡量财政压力的变动情况,其优点是可以直观体现财政压力来源于支出和收入的互动关系(席鹏辉等,2017),具体计算方式是:各省份财政收支缺口占比(FP) = (一般公共预算支出-一般公共预算收入)/一般公共预算收入,一般公共预算支出和一般公共预算收入数据来源于《中国统计年鉴》。需要重点关注的估计系数是 β_3,其余变量与上述分析一致。

(二) 实证结果与分析

表6-5 第(2)列是公式(6.5)的估计结果,企业承担的综合税负率与财政压力的交乘项系数为-0.5838,在10%的水平上显著,结果验证了财政压力是税负调节影响资产收益率宽幅度的作用机制,假设H20得到验证。财政压力较小的地区,降低企业承担的税负程度能够显著缩窄资产收益率宽幅度,财政压力负向调节税负对资产收益宽幅度的影响。究其原因可能是因为,当地方政府财政压力降低,政府资金更加充裕,为吸引更多企业进入促进经济发展,政府往往会出台更多税收优

惠政策并加大对企业的财政补贴,经营环境更加宽松,政策实施更加公平透明,降低企业税负能够显著降低企业成本,增加企业现金持有,企业对主营业务的预期更加积极,引导资金流向实体领域,从而减少金融资产投资,抑制资产收益率宽幅度的进一步拉大。

三、地区金融发展水平的调节效应检验

(一) 影响机制模型构建

为检验地区金融发展水平对税负调节与资产收益率宽幅度关系的调节效应,本书依据作用机制识别程序,构造地区金融发展水平和企业承担综合税负率的交互项并将其纳入模型中:

$$RS_{it} = \beta_0 + \beta_1 RS_{it-1} + \beta_2 Tb1_{it} + \beta_3 Tb1_{it} \times FD_{it} + \beta_4 FD_{it} + \beta_5 Controls_{it} + \mu_i + \omega_t + \varepsilon_{it} \quad (6.6)$$

其中,FD为调节变量地区金融发展水平,由于银行在我国金融体系中仍处于主导地位,借鉴张成思等(2013)、宋清华等(2021)的研究,利用各省金融机构与各省GDP的比值来度量各地区金融发展水平,各省金融机构贷款余额和GDP由作者查阅《中国金融年鉴》和《中国城市统计年鉴》经手工整理得到,该比值越大代表地区金融发展水平越高。需要关注的估计系数是β_3,其余变量与上述分析一致。

(二) 实证结果与分析

表6-5第(3)列是对公式(6.6)的估计结果,地区金融水平和企业综合税负率的交乘项系数在1%的水平上显著为正,说明地区金融水平对税负调节影响资产收益率宽幅度起到正向调节作用,地区金融水平是税负调节影响资产收益率宽幅度的作用机制,结果验证了假设H21。当地区金融水平提高时,意味着金融体系逐渐完善,企业外部融

资环境能够得到有效改善,降低金融市场与实体企业间信息不对称程度,缓解企业融资约束。因而在金融水平较高的地区,当企业税负降低时,企业面临的融资约束程度能够显著降低,扩大企业投资实业的规模,挤出金融资产投资,使资产收益率宽幅度能够得到有效管控。

第三节 基于实体企业异质性的中介效应检验

税负调节不仅可以对实体企业高质量发展产生直接影响,还可以通过调控资产收益率宽幅度对实体企业高质量发展产生间接影响,上面已经验证了资产收益率宽幅度是税负调节影响实体企业高质量发展的作用渠道,然而针对不同地区、不同产权性质和不同运营模式的实体企业来说,资产收益率宽幅度的渠道作用也存在差异。结合第二章第五节理论分析的内容,本节分别使用地区虚拟变量、产权性质虚拟变量和运营模式虚拟变量与企业实际承担的综合税负率构造交乘项并设定相关模型对税负调节影响实体企业高质量发展的渠道作用在欠发达地区与发达地区、国有企业与非国有企业、重资产企业与轻资产企业是否一致进行检验。

一、地区层面异质性检验

(一) 地区异质性模型设定

为检验作用渠道的地区异质性,借鉴申亮等(2022)的研究使用地区虚拟变量与企业实际承担税负率构造交乘项,进一步设定如下模型:

$$RS_{it} = \beta'_0 + \beta'_1 RS_{it-1} + \beta'_2 Tb1_{it} + \beta'_3 Tb1_{it} \times M1 +$$

$$\beta'_4 M1 + \beta'_5 Controls_{it} + \mu_i + \omega_t + \varepsilon_{it} \qquad (6.7)$$

$$RS_{it} = \beta''_0 + \beta''_1 RS_{it-1} + \beta''_2 Tb1_{it} \times M1 + \beta''_3 Tb1_{it} \times (1 - M1) +$$

$$\beta''_4 M1 + \beta''_5 Controls_{it} + \mu_i + \omega_t + \varepsilon_{it} \qquad (6.8)$$

在上述模型中，$Tb1$ 为解释变量，代表企业承担的综合税负率；RS 为中介变量，代表资产收益率宽幅度；$M1$ 代表地区虚拟变量，发达地区取 0，欠发达地区取 1，本书依据人均 GDP 中位数划分原则将我国 31 个省份（直辖市）划分为 15 个发达地区和 16 个欠发达地区（刘俸奇等，2021），发达地区和欠发达地区包含的省（市）与前述保持一致；$Control$ 代表控制变量，控制变量与上述分析一致。需要关注的估计系数为 β'_3、β''_2 和 β''_3。其中，β'_3 代表欠发达地区和发达地区税负调节影响资产收益率宽幅度的组间差异，β''_2 和 β''_3 分别代表欠发达地区和发达地区税负调节对资产收益率宽幅度的影响效应。μ_i 代表个体效应，ω_t 代表年份效应，ε_{it} 代表随机扰动项。

（二）地区异质性结果分析

为检验税负调节影响实体企业高质量发展的作用渠道在欠发达地区与发达地区是否一致，通过对公式(6.7)和公式(6.8)进行估计识别欠发达地区和发达地区税负调节影响实体企业高质量发展的作用渠道异质性，结果如表 6-6 第(1)列、第(2)列所示。第(1)列报告了公式(6.7)的估计结果，交乘项系数在 10% 的水平上显著为负，表明欠发达地区和发达地区企业资产收益率宽幅度受税负调节的影响具有显著差异。相较于欠发达地区，发达地区企业资产收益率宽幅度受税负调节的影响更显著，假设 H22 得到验证，税负调节通过资产收益率宽幅度对实体企业高质量发展的影响存在地区异质性。这一结果在公式(6.8)的估计结果中也得到了证实，第(2)列报告了公式(6.8)的估计结果,发达地区企业承担的综合税负率与地区虚拟变量的交乘项估计系数在10%的水平上显著为正,而欠发达地区企业承担的综合税负率与地区虚拟变量的交乘项估计系数并不显著,意味着发达地区企业承担税负变化对资产收益率宽幅度的影响效应更大。可能的原因是,相较于欠发达地区,发达地区市场环境更为完善,政策信息更加公开透明,税收政策能够有效调节企业税负,降低企业成本,增加企业现金持有,有利于提高经营资产收益率,改变企业未来对经营资产收益率和金融资产收益率的预判,引导企业资金流向经营资产,缩窄资产收益率宽幅度,从而推动实体企业高质量发展。

表6-6 基于实体企业异质性的中介效应检验结果

变量	(1)	(2)	(3)	(4)	(5)	(6)
	区分地区层面		区分产权性质		区分运营模式	
L.RS	0.2149*** (5.3636)	0.2422*** (6.3948)	0.2679*** (6.7833)	0.2410*** (4.8720)	0.2259*** (4.7861)	0.2749*** (6.3800)
Tb1*M1	-7.2525* (-1.7841)	-1.4061 (-0.4747)				
Tb1*(1-M1)		2.3046* (1.6730)				
Tb1*M2			-7.5700* (-1.7463)	-1.9869 (-0.3501)		
Tb1*(1-M2)				4.7823* (1.6924)		
Tb1*M3					5.7689* (1.6782)	5.1948* (1.7769)
Tb1*(1-M3)						0.5175 (0.2250)
_cons	-0.8497 (-1.5307)	-1.0991 (-1.6258)	-0.5662 (-0.6556)	-1.2174 (-0.9734)	-1.5750 (-1.2450)	-1.3797 (-1.3230)

续表

变量	(1)	(2)	(3)	(4)	(5)	(6)
	区分地区层面		区分产权性质		区分运营模式	
Observations	6666	6666	6666	6666	6666	6666
Year	Yes	Yes	Yes	Yes	Yes	Yes
Control	Yes	Yes	Yes	Yes	Yes	Yes
Hansen test	0.865	0.641	0.647	0.751	0.798	0.888
AR(1) Test	0.000	0.000	0.000	0.000	0.000	0.000
AR(2) Test	0.515	0.381	0.973	0.956	0.264	0.744

数据来源:根据 Stata 检验结果作者手工整理所得。

二、产权性质异质性检验

(一) 产权性质异质性模型设定

为检验作用渠道的产权性质异质性,使用产权性质虚拟变量与企业实际承担税负率构造交乘项,进一步设定如下模型:

$$RS_{it} = \beta'_0 + \beta'_1 RS_{it-1} + \beta'_2 Tb1_{it} + \beta'_3 Tb1_{it} \times M2 + \beta'_4 M2 + \beta'_5 Controls_{it} + \mu_i + \omega_t + \varepsilon_{it} \quad (6.9)$$

$$RS_{it} = \beta''_0 + \beta''_1 RS_{it-1} + \beta''_2 Tb1_{it} \times M2 + \beta''_3 Tb1_{it} \times (1-M2) + \beta''_4 M2 + \beta''_5 Controls_{it} + \mu_i + \omega_t + \varepsilon_{it} \quad (6.10)$$

在上述模型中,M2 代表产权性质虚拟变量,非国有企业取 0,国有企业取 1,其余变量与上述分析一致。需要关心的估计系数为 β'_3、β''_2 和 β''_3,其中 β'_3 代表国有企业和非国有企业税负调节影响资产收益率宽幅度的组间差异,β''_2 和 β''_3 分别代表国有企业和非国有企业资产收益率宽幅度受税负调节的影响效应。

(二) 产权性质异质性结果分析

为检验税负调节影响实体企业高质量发展的作用渠道对于国有企

业和非国有企业来说是否一致,通过对公式(6.9)和公式(6.10)进行估计识别国有企业和非国有企业税负调节影响实体企业高质量发展的作用渠道异质性,结果如表6-6第(3)列、第(4)列所示。第(3)列报告了公式(6.9)的估计结果,交乘项系数在10%的水平上显著为负,表明国有企业和非国有企业资产收益率宽幅度受税负调节的影响具有显著差异。非国有企业资产收益率宽幅度受税负调节的影响更显著,假设H23得到验证,税负调节通过资产收益率宽幅度对实体企业高质量发展的影响存在产权性质异质性。进一步对公式(6.10)进行估计,结果显示国有企业综合税负率与产权性质虚拟变量的交乘项系数不显著,而非国有企业综合税负率与产权性质虚拟变量的交乘项系数在10%的水平上显著为正,说明非国有企业资产收益率宽幅度的渠道作用更加显著。究其原因,可能是国有企业的经营决策会受到政府干预,企业为实现政府的政策目标,追求利润增长和持续发展并不是唯一目标,虽然税负降低能够增加企业现金持有、降低企业成本,但是由于企业更注重眼前的利益,往往不受税收政策引导,仍旧将资金投入具有高回报的金融领域,导致税负调节对资产收益率宽幅度的影响并不显著。而非国有企业以"利"为企业的发展目标,追求企业可持续发展,同时受融资约束影响,当企业税负降低时,减轻了企业承担的成本,增强了企业投资经营资产的意愿,能够显著缩窄资产收益率宽幅度,从而推动实体企业实现高质量发展。

三、运营模式异质性检验

(一)运营模式异质性模型设定

为检验作用渠道的营运模式异质性,使用营运模式虚拟变量与企业实际承担税负率构造交乘项,进一步设定如下模型:

$$RS_{it} = \beta'_0 + \beta'_1 RS_{it-1} + \beta'_2 Tb1_{it} + \beta'_3 Tb1_{it} \times M3 + \beta'_4 M3 + \beta'_5 Controls_{it} + \mu_i + \omega_t + \varepsilon_{it} \quad (6.11)$$

$$RS_{it} = \beta''_0 + \beta''_1 RS_{it-1} + \beta''_2 Tb1_{it} \times M3 + \beta''_3 Tb1_{it} \times (1-M3) + \beta''_4 M3 + \beta''_5 Controls_{it} + \mu_i + \omega_t + \varepsilon_{it} \quad (6.12)$$

在上述模型中,M3代表营运模式虚拟变量,轻资产运营模式企业取0,重资产运营模式企业取1。借鉴徐超等(2019)的研究,以企业固定资产与总资产比值计算的固定资产率作为企业运营模式的判断依据,将固定资产率大于或等于固定资产率中位数(0.2059921)的实体企业认定为重资产运营模式企业,将固定资产率小于中位数的实体企业认定为轻资产运营模式企业,其余变量与上述分析一致。需要关心的估计系数为 β'_3、β''_2 和 β''_3。其中,β'_3 代表重资产企业和轻资产企业税负调节影响资产收益率宽幅度的组间差异;β''_2 和 β''_3 分别代表重资产企业和轻资产企业资产收益率宽幅度受税负调节的影响效应。

(二) 运营模式异质性结果分析

通过对公式(6.11)和公式(6.12)进行估计识别重资产企业和轻资产企业税负调节影响实体企业高质量发展的作用渠道异质性,结果如表6-6第(5)列、第(6)列所示。第(5)列报告了公式(6.11)的估计结果,交乘项系数在10%的水平上显著为正,表明重资产企业和轻资产企业资产收益率宽幅度受税负调节的影响具有显著差异,重资产企业资产收益率宽幅度受税负调节的影响更显著,假设H24得到验证,税负调节通过资产收益率宽幅度对实体企业高质量发展的影响存在运营模式异质性。这一结果也得到了公式(6.12)估计结果的证实,重资产企业综合税负率与运营模式虚拟变量的交乘项系数在10%的水平上显著为正,而轻资产企业交乘项系数不显著,说明重资产企业资产收益率宽幅度的渠道作用更加显著。产生这一结果的原因是重资产企业的特征是拥有大量厂房、设备等固定资产,核心竞争力是扩大资产规模和提高资产质量,税负调节能够引导重资产企业资金流动,从而对资产收益率宽幅度起到调控作用,进一步增加企业固定资产投资,促进企业形成规模效应,推动实体企业高质量发展。而轻资产企业的核心竞争力往往来源于品牌营销和科技研发,企业的经营方式比较灵活,轻资产企业资产收益率宽幅度受税负调节的影响可能并不显著。

需要说明的是,以上所有估计均通过了两步系统 GMM 的假设检验。

第四节 本章小结

为探究税负调节、资产收益率宽幅度和实体企业高质量发展三者之间的关系,首先,本章构建了中介效应检验模型,利用动态面板模型和两步系统 GMM 估计方法实证检验发现税负调节通过调控资产收益率宽幅度进而对实体企业高质量发展产生影响。同时,通过加入其他控制变量、剔除资源相对集中的直辖市数据以及仅保留制造业样本进行稳健性检验,发现资产收益率宽幅度是税负调节影响实体企业高质量发展的作用渠道这一结果是稳健的,假设 H17 得到检验。为检验不同税种的差异性影响,本书将企业所得税税负率和增值税税负率代替企业综合税负率纳入模型中,结果表明企业所得税降低能够有效缩窄资产收益率宽幅度进而推动实体企业高质量发展,但是调节增值税的影响并不显著,验证了假设 H18。其次,为进一步探究资产收益率宽幅度的中介作用,本章构建调节效应检验模型对税负调节影响资产收益率宽幅度的作用机制进行检验,实证表明营商环境、财政压力及地区金融发展水平是税负调节影响资产收益率宽幅度的作用机制。在营商环境较好、财政压力较小以及金融发展水平较高的地区,税负调节能够有效管控资产收益率宽幅度,假设 H19 至 H21 得到检验。最后,基于实体企业异质性对资产收益率宽幅度的中介作用进行检验,分别构造地区虚拟变量、产权性质虚拟变量、运营模式虚拟变量和企业综合税负率的交乘项并纳入模型中进行估计,结果表明针对不同实体企业资产收益率宽幅度的中介效应存在差异,对于发达地区企业、非国有企业和重资产运营模式企业来说,资产收益率宽幅度的渠道作用更加显著,验证了假设 H22 至 H24。

第 七 章
推动实体企业高质量发展的对策建议

高速增长阶段转向高质量发展阶段是中国经济迎来的历史性转变,高质量发展成为我国全面建设社会主义现代化国家的首要任务。经济高质量发展归根结底需要通过企业高质量发展予以实现,实体经济是国民经济的根基,实现实体企业高质量发展是持续推动经济高质量发展的重要保障。本书紧紧围绕"如何助力实体企业高质量发展"这一核心问题,探究了影响实体企业高质量发展的内外部因素。从微观企业层面研究发现,实体企业投资持有包括投资性房地产在内的金融资产的收益率持续上涨,投资持有经营资产的收益率持续下降,二者之间收益率差距不断拉大的资产收益率宽幅度现象改变了企业的投融资行为和风险偏好,导致企业行为异化,是抑制实体企业高质量发展的深层次原因;从宏观层面研究发现,税负调节是政府进行宏观调控重要的政策工具,能够促进企业税负公平和收益公平,企业实际承担的税负下降有利于降低企业成本,增加企业留存收益和现金持有,缓解企业融资约束,不仅能够直接推动实体企业高质量发展,还可以通过管控资产收益率宽幅度进而推动实体企业高质量发展。本章将根据前面的研究结论为进一步优化税收制度、管控资产收益率宽幅度、推动实体企业高质量发展提出相应的对策建议。

第一节 充分发挥税负调节的作用

宏观经济政策体现了国家的意志和未来发展的方向,往往是政府为了达到一定的目标而采取一系列的措施来干预微观企业行为,其中税收政策是优化经济结构、促进经济增长、引导实体企业资金流向、调节企业间收益均衡、推动实体企业高质量发展的重要政策工具。完善的税收政策体系有利于激发市场主体活力、推动经济可持续发展,积极的税收政策和合理的税收制度为实体企业高质量发展提供了保障。为更好地发挥税收杠杆的调节作用,管控资产收益率宽幅度,赋能实体企业高质量发展,须进一步优化税收政策。

一、提高税负调节的精准性

当前,在追求高质量发展的背景下,进一步扩大减税规模是理性的选择。为抑制资产收益率宽幅度的进一步拉大,促进实体企业高质量发展,政府应继续推进减税降费政策落地生根。税负调节具有发力精准、结构性突出的特征,随着减税降费政策的不断推进,政府财政压力也随之增大,在政府财力有限的条件下,要发挥税收政策的结构化、差异化优势,提高税负调节的精准性,避免"大水漫灌","精准滴灌"是实施税收政策、发挥调节作用过程中重要的一环。

首先,由于不同实体企业具有不同的特点,税负调节影响企业行为的程度也会有所差异,因而要针对不同地区、不同所有权性质、不同运营模式、不同规模、不同生命周期的实体企业实施靶向施策,因地制宜保障税收政策落实,加大非国有企业、小规模企业、处于成长期企业的支持力度,根据企业生命周期阶段制定差异化的税收政策进行精准扶持;其次,税收政策发力应适当靠前,根据经济形势合理把握宏观调控方向,聚焦实体企业高质量发展,提前出台税收政策,尽早发挥税收政策对有效投资的拉动作用,坚持问题导向和目标导向相结合,处理好全面普惠与精准特惠之间的关系;最后,确保减税降费政策落实落细,增强企业的减税获得感,需要加强部门间的配合工作,不断优化减税降费的落实机制,税收精准施策还需要通过多税种发力,减税、免税、退税、缓税等多种方式综合运用,并通过政策评估及时检验税收政策的精准度与科学性,密切关注税负变化,做好精准减税的效果监测和分析研判,根据反馈结果及时解决企业所反映的问题。

二、保持税收政策的稳定性

延续和优化税负调节政策,实现税收政策提质增效,发挥税收杠杆的调控作用,有利于保持经济稳中向好。税负调节是引导企业投资、激发市场活力、促进结构性改革和经济转型发展的重要举措,具有长远的战略意义。面对当前世界经济不确定性增加,国内经济受新冠疫情冲击后尚未完全恢复的局面,保持税收制度的稳定性和连续性对于加强市场预期、促进市场公平具有重要意义。一方面,构建稳定的税收环境有利于提振企业信心,稳定企业对未来的预期,促进企业对经营资产进行投资,激发企业创新活力,有利于企业高质量发展;另一方面,税收政策传导至企业端发挥作用需要一个过程,影响存在一定的时滞性,如果政策频出多变可能会造成实际作用与预期效果不符,税负调节的作用也难以发挥。

因此,为稳定企业对市场的预期,激发企业活力,要保持税收政策的长期稳定,更多地采取税制改革的方式通过长期改革而非短期政策调整来实现扩大企业投资的目标,持续深化税收政策改革,构建稳定的税收环境。但是保持税收政策的稳定性并不是意味着一项政策出台后就要长期延续,而是在税收政策出台前科学安排、慎重决策,当政策面临退出问题时进行详细的评估考量,可以保留的政策要进一步延续,可以退出的政策要稳妥退出。例如,为应对新冠疫情阶段实施的税收政策面临退出的问题,针对小微企业的普惠性税收减免可以考虑形成长效机制。

三、增强税收杠杆的引导性

税收杠杆是国家进行宏观调控的重要政策工具,能够引导资本流向,调节税负公平和收益公平。为赋能实体企业高质量发展,应继续坚定实施结构性减税政策,突出税收制度的激励性和导向性。2008年金融危机后,我国开始实施结构性减税,目的在于扩投资与调结构并举,实施结构性减税有效减轻了企业税负、促进了企业投资、优化了经济结构。当前,要更加注重结构调整,实施差异性的税收政策,发挥税收杠杆的引导作用,推进高质量发展。

首先,中国经济只有依靠创新才能实现长远发展,应不断完善高新技术企业所得税优惠、研发费用加计扣除、设备器具加速折旧等税收优惠政策,加大对科技创新型企业的支持力度,激励企业扩大研发投入,促进企业转型升级,全面激发企业创新动能。其次,处理好经济与生态的关系是高质量发展的必然要求,要发挥好税收政策对绿色发展的支持作用,构建绿色低碳税收体系,在企业所得税中可以增加对减碳技术投入的税前抵扣优惠,进一步加大环境保护税对高污染和高耗能产品的限制,同时可以结合环保部门公开的排污信息对重点企业实施监管。

实现绿色发展,加快转变经济发展方式,需要税负调节的支持与保障。最后,可以针对实体企业投资房地产等金融资产的增值收益征收房地产税、资本税,不断降低金融资产收益率,提高经营资产收益率,引导企业资金从虚拟领域回归实体领域,缩窄资产收益率宽幅度,推动经济高质量发展。

第二节　积极管控资产收益率宽幅度

研究发现,资产收益率宽幅度不断拉大改变了企业的投融资偏好和风险偏好,资产收益率宽幅度现象和公允价值顺周期效应相叠加,导致企业将有限资金投入金融领域,挤出企业经营资产投资和创新投资,降低企业盈利能力和成长能力,最终抑制实体企业高质量发展。应尽快构建资产收益率宽幅度预警区间,不断优化实体企业发展环境,发挥政府"有形之手"的作用引导资产收益率宽幅度回归合理区间,推动实体企业实现高质量发展。

一、尽快构建资产收益率宽幅度预警区间

基于企业会计收益的微观视角研究发现,实体企业存在着投资金融资产获取高收益率而投资经营资产获取低收益率,虽然是等量资产但是二者之间收益率差距不断拉大的资产收益率宽幅度现象,这一现象违背了"等量资产获取等量利润"的平均利润率理论,再加之公允价值具有顺周期效应,实体企业为追求利润最大化将有限资金投资到具有更高收益率的金融资产,导致实体经济"脱实向虚",加剧系统性金融风险的发生,不利于经济高质量发展。

资产收益率宽幅度搭建了微观经济决策与宏观经济政策连接的桥梁。为了管控资产收益率宽幅度,不断提高实体企业经营资产收益率,降低金融资产收益率,形成实体行业资产收益率逐渐高于虚拟行业资产收益率的模式,加快我国经济转型升级,应尽快构建资产收益率宽幅度预警区间。政府可以依据资产收益率宽幅度变化趋势,选择和匹配政策工具进行相机调控,引导资产收益率宽幅度回归合理区间,引导社会资本回归实体领域。资产收益率宽幅度为推动稳增长、调结构、防风险,实现经济高质量发展提供了新方法。

二、充分发挥政府"有形之手"的作用

政策是驱动经济增长的核心变量,用好政府"有形之手",使"有形之手"和"无形之手"互为依托,不断激发经济活力。面对当前实体企业资产收益率宽幅度不断拉大、创新能力不足、金融化不断加深、杠杆率不断攀升的局面,为破除阻碍企业发展和科技创新的藩篱,要充分发挥政府"有形之手"的作用,抑制资产收益率宽幅度进一步拉大。

首先,不断完善宏观政策:(1)实施稳健的货币政策是管控资产收益率宽幅度的重要措施,保持货币流动性合理充裕,不断完善宏观审慎管理体系,精准有力地实施好货币政策;(2)税负调节是保持经济稳定、避免经济危机的有效手段,具有发力精准、结构性突出的特征,应进一步发挥税收杠杆的调控作用,扩大减税降费规模,继续推进结构性减税,提高税收政策的精准性;(3)产业政策能够促进产业结构升级、纠正市场失灵,应进一步加强产业政策对社会资金的引导作用,加大对实体行业的扶持力度及虚拟行业的管制。其次,不断优化政府服务。政府要为企业创新驱动绿色发展做好服务,深化政府行政体制改革,建设服务型政府,提供更加充裕的公共产品和更加高效的公共服务,畅通企

业经济发展之路,同时要建设法治政府,健全行政决策机制,让法治为政府职能转变护航,加强政府权力运行的监督制约。最后,不断加强政府评估。为提高政府的执行力和公信力,不断完善政府部门考核机制,加强政府部门的评估,并依据评估结果进一步完善政府职能。

三、不断优化实体企业发展环境

为全面落实新发展理念,坚持以高质量发展为导向,抑制资产收益率宽幅度拉大,更好地发挥税收杠杆对资产收益率宽幅度的调控作用,不断优化企业发展环境精准服务实体经济,应积极营造良好的营商环境、减轻地方政府财政压力、推进区域金融发展水平提高。首先,为营造良好的营商环境释放发展新动能,应优化市场环境、加强保护市场主体、提升政府服务能力、加强法治保障、规范监管执法。其次,尽管推进减税降费是十分必要的,但是地方政府所面临的财政压力也不容忽视。对于地方政府来说,缓解财政压力必须开源节流,合理控制财政预算,做好长期性预算安排,充分利用存量资金。最后,为继续提高金融发展水平,应统筹推进区域金融改革,始终坚持金融服务实体,以市场化为导向探索中国特色金融发展之路,始终把风险防控放在重要位置。

第三节 加快健全实体企业高质量发展评价体系

高质量发展是当前和今后确定发展思路、实施宏观调控和制定经济政策的根本要求,完善经济发展指标和考核评价体系、加强政策体系建设是实现经济高质量发展的制度保障。企业作为经济发展最重要的主体,构建基于高质量发展的实体企业考核指标,以高质量"标尺"引领和驱动实体企业高质量发展具有重要意义。当前,关于实体企业高质量发展评价指标的研究仍处于尚待完善阶段,为尽快发挥高质量"标尺"的作用,须不断优化评价指标设置、创新指标体系方法、加强评价结果反馈,加快健全实体企业高质量发展评价体系。

一、优化评价指标设置

高速增长转向高质量发展是经济发展阶段的转换,更是发展方式和发展理念的转变。传统的企业发展评价体系更加侧重于"量"和"速",但是高质量发展背景下企业发展评价体系应更加注重发展的结构和质量,应从单纯追求经济增长总量和速度逐渐转变为更加注重生态、社会和经济多维度均衡发展。基于高质量发展背景,加快健全实体企业高质量发展评价体系,需要不断优化评价指标设置,为进一步系统、科学、全面地测算实体企业高质量发展状况奠定基础。

首先,发展理念是行动的先导,针对我国经济迈入高质量发展阶段所提出的新发展理念是构建评价体系、选择评价指标的依据,优化评价指标设置要始终贯彻新发展理念,突出企业创新能力、绿色发展、协调发展、对外开放和成果共享;其次,优化指标设置要坚持定性指标和定量指标相结合,选择代表性指标,突出核心指标,同时指标选取要具有可操作性;最后,指标设置要充分考虑实体企业异质性问题,针对不同类型企业,考虑企业所处不同区域,选取精准有效的指标,加快建设反映、引领高质量发展的评价体系。

二、改进指数构建方法

构建实体企业高质量发展评价体系是一项系统工程,需要在研究方法、研究思路等方面不断探索、创新和完善，紧随时代进步和思想发展。指数构建方法包括主观赋权法和客观赋权法，在构建评价指标体系时可以单一使用某一种赋权方法，也可以结合使用几种赋权方法。当前，关于实体企业高质量发展评价指标的研究仍处于尚待完善阶段，建立健全实体企业高质量发展评价体系，需要把握实体企业高质量发展内涵，结合实体企业特征理解企业高质量发展的内在要求。同时，构建实体企业高质量发展评价体系需要坚持全面性、系统性、科学性、动态性、可比性、数据可得性等原则，如何全面系统评价实体企业高质量发展是研究的难点和重点。利用恰当的方法构建实体企业高质量发展评价指数是准确衡量实体企业高质量发展状况的前提，因而要不断优化和创新指数构建方法，使构建的评价体系更加科学有效。

三、加强评价结果反馈

构建实体企业高质量发展评价体系的目的是对企业发展状态进行测算，并依据评价结果进一步优化企业决策和宏观政策。在优化指标设置和创新测算方法的基础上，加强实体企业高质量发展结果反馈，为推动企业实现高质量发展提供依据。一方面，要加强企业高质量发展评价体系的综合分析研判，克服简单、片面看数字的做法，防止短视行为、注重长远发展，充分考虑企业性质、运营模式、所处地区等因素，对反馈结果进行辩证分析，充分发挥评价体系对高质量发展的引领作用；另一方面，要及时有效地对评价结果进行反馈和分析，对反馈结果区分不同维度、不同方面进行详细分析，为进一步优化企业决策、制定宏观政策提供有力依据。充分发挥实体企业高质量发展评价体系指挥棒、助推器的作用，努力推动实体企业实现更高质量的发展。

第四节 本章小结

本书以高质量发展为研究背景,聚焦如何推动实体企业高质量发展这一问题,探究了税负调节、资产收益率宽幅度与实体企业高质量发展三者之间的关系。根据研究结论,提出了推动实体企业高质量发展的对策建议。

首先,进一步优化税收政策助力实体企业高质量发展。在高税负和求发展的背景下,实施更大规模减税降费是理性的选择。为推动减税降费政策落地生根,要继续实施结构性减税政策,保持税收政策的稳定性和连续性,提高企业预期,激发企业活力,并针对不同类型企业实施差异化税收政策,"精准滴灌",助力实体企业高质量发展。

其次,助推实体企业高质量发展需要管控资产收益率宽幅度。研究表明,资产收益率宽幅度是抑制实体企业高质量发展的深层次原因,而当前我国实体企业面临着资产收益率宽幅度不断拉大的局面。为实现企业高质量发展,需要尽快构建资产收益率宽幅度的预警区间,不断优化实体企业所处的环境,利用政府"有形之手"引导经济发展回归资产收益率宽幅度的合理区间。

最后,完善经济发展指标和考核评价体系是实现经济高质量发展重要的制度保障,以高质量"标尺"引领和驱动实体企业高质量发展,需要不断优化评价指标设置、创新指标测算方法、加强评价结果反馈,加快构建基于高质量发展的实体企业考核指标。

第 八 章

研究结论与展望

在总结梳理相关研究和理论基础,界定税负调节、资产收益率宽幅度的概念和度量,探讨实体企业高质量发展的内涵和评价体系的基础上,聚焦"如何推动实体企业高质量发展"这一核心问题,对"资产收益率宽幅度如何影响实体企业高质量发展"、"税负调节如何影响实体企业高质量发展"以及"税负调节、资产收益率宽幅度和实体企业高质量发展三者之间的关系"这三个问题进行了详细的理论分析和实证检验得出相关结论,并基于研究结论提出了助力实体企业高质量发展的对策建议。本章在此基础上总结前面的研究结论,探讨了研究的不足,对未来的研究进行了展望。

第一节 研究结论

自党的十九大首次提出高质量发展这一概念以来,中国经济发展迎来了历史性转变。高质量发展成为当前和未来我国明确发展方向、制定经济政策、实施宏观调控的基本依据,推动实体企业高质量发展是实现经济高质量发展的基石。本书在探究"如何推动实体企业高质量发展"的过程中得出以下结论：

首先，资产收益率宽幅度是抑制实体企业高质量发展的内部因素。通过长期追踪研究发现，我国实体企业投资持有金融资产能够获取较高收益率而持有经营资产获取较低收益率，二者之间收益率差距不断拉大的资产收益率宽幅度现象改变了企业的投融资行为和风险偏好，导致企业行为异化，是抑制实体企业高质量发展的深层次原因。通过构建动态面板模型利用两步系统GMM估计方法对资产收益率宽幅度拉大是否抑制了实体企业高质量发展进行检验，结果表明资产收益率宽幅度与实体企业高质量发展呈显著负相关关系，资产收益率宽幅度是抑制实体企业高质量发展的内部因素。本书利用分组回归基于产权性质、企业规模、所处地区实证检验了资产收益率宽幅度影响实体企业高质量发展的异质性。研究表明，资产收益率宽幅度对非国有企业、小规模企业和位于东、中部地区的实体企业高质量发展影响更加显著。进一步，本书构建了两步中介效应检验模型对资产收益率宽幅度影响实体企业高质量发展的作用渠道进行检验，发现资产收益率宽幅度拉大将通过加剧实体企业金融化程度，挤出经营资产投资，降低企业创新能力、盈利能力和成长能力进而抑制实体企业高质量发展。

其次，税负调节是影响实体企业高质量发展的外部因素。税负调节是政府激发实体企业活力，推动实体企业高质量发展的重要手段。本书通过构建固定效应模型对"税负调节如何影响实体企业高质量发展"进行检验，结果表明降低实体企业承担的税负能够显著促进实体企业高质量发展。针对企业所得税和增值税这两种不同税种对实体企业高质量发展的影响进行检验，研究表明不同税种对实体企业高质发展的影响不同。企业所得税对实体企业高质量发展的影响更加显著。通过分组回归对税负调节影响实体企业高质量发展的异质性进行检验,结果发现税负调节对非国有、小规模、处于全面减税时期和东部地区的实体企业高质量发展影响更显著。通过构建滞后回归模型对税负调节影响实体企业高质量发展的滞后效应进行检验,结果表明税负调节对实体企业高质量发展的影响存在两期滞后效应。同时,基于企业生命周期理论分阶段对税负调节影响实体企业高质量发展进行检验,发现降低企业税负能够显著促进成长期实体企业高质量发展,对于处于成熟期和衰退期的实体企业来说影响并不显著。

最后,税负调节能够通过管控资产收益率宽幅度从而推动实体企业高质量发展。税负调节不仅能够直接影响实体企业高质量发展,还能够通过资产收益率宽幅度间接影响实体企业高质量发展。为探究税负调节、资产收益率宽幅度和实体企业高质量发展三者之间的关系,本书通过中介效应检验程序构建动态面板模型,利用两步系统 GMM 估计方法实证检验,发现企业综合税负降低能够通过缩窄资产收益率宽幅度从而促进实体企业高质量发展。但是对于不同税种,资产收益率宽幅度的中介作用存在差异。本书进一步研究了税负调节影响资产收益率宽幅度的作用机制,通过构建调节效应检验模型研究发现,营商环境、地方财政压力及金融发展水平能够有效调节企业税负对资产收益率宽幅度的影响。为探讨资产收益率宽幅度中介作用的异质性,本书分别构造地区虚拟变量、产权性质虚拟变量、运营模式虚拟变量和企业综合税负率的交乘项并纳入模型进行估计,结果表明资产收益率宽幅度对发达地区、非国有和重资产运营模式的实体企业的中介作用更加显著。

第二节　不足与展望

本书的研究结果为助力实体企业高质量发展制定对策建议提供了理论依据和微观基础。但是,本书的研究仍然在以下两个方面存在不足:第一,研究数据的不足。税负调节可以通过设置不同的税种、调整税率和税基、制定不同的税收优惠等方式对经济活动产生影响,由于数据可得性的限制,本书通过计算企业实际承担的税负率来衡量税负调节,没有区分税负调节的手段。第二,研究方法的不足。在构建实体企业高质量发展评价指标时,本书使用了因子分析和层次分析组合赋权法,构建评价指标的方法丰富多样,还可以尝试使用其他方法构建评价指数进行比较研究。

本书认为,在未来的研究中,一方面,可以进一步利用 DSGE 模型模拟税收政策对资产收益率宽幅度的调控作用和对实体企业高质量发展的促进作用,探究单一税制和复合税制等不同税收制度设计对企业行为的影响,对直接税和间接税的合理比重进行探索,为优化税制、改进政策效果提供新的思考;另一方面,由于减税降费规模不断扩大,地方政府面临的财政压力不断增大,继续推进减税降费政策实施就不能忽略财政压力不断增大的影响,因而可以将地方政府财政压力纳入研究框架,采用系统动力学模型对研究内容进行估计。

参 考 文 献

一、中文期刊

[1]白云霞、唐伟正、刘刚:《税收计划与企业税负》,《经济研究》2019年第5期。

[2]蔡蕾、段姝、赵华昱:《实际税负、税种差异与民营制造业企业全要素生产率》,《财务研究》2022年第5期。

[3]曹裕、熊寿遥、胡韩莉:《企业生命周期下智力资本与创新绩效关系研究》,《科研管理》2016年第10期。

[4]常媛、曾永鹏、黄顺春:《现金持有、研发投入与企业高质量发展——基于中介效应与面板门槛模型分析》,《华东经济管理》2022年第6期。

[5]陈金勇、舒维佳、牛欢欢:《区域金融发展、融资约束与企业技术创新投入》,《哈尔滨商业大学学报(社会科学版)》2020年第5期。

[6]陈丽姗、傅元海:《融资约束条件下技术创新影响企业高质量发展的动态特征》,《中国软科学》2019年第12期。

[7]陈诗一、陈登科:《雾霾污染、政府治理与经济高质量发展》,《经济研究》2018年第2期。

[8]陈太义、王燕、赵晓松:《营商环境、企业信心与企业高质量发展——来自2018年中国企业综合调查(CEGS)的经验证据》,《宏观质量研究》2020年第2期。

[9]陈小亮:《中国减税降费政策的效果评估与定位研判》,《财经问题研究》2018年第9期。

[10]陈彦斌、刘哲希:《推动资产价格上涨能够"稳增长"吗——基于含有市场预期内生变化的DSGE模型》,《经济研究》2017年第7期。

[11]陈昭、刘映曼:《政府补贴、企业创新与制造业企业高质量发展》,《改革》2019年第8期。

[12]成学真、龚沁宜:《数字普惠金融如何影响实体经济的发展——基于系统GMM模型和中介效应检验的分析》,《湖南大学学报(社会科学版)》2020年第3期。

[13]崔宏桥、吴焕文、朱玉:《服务业高质量发展评价指标体系构建与实践》,《税务与经济》2022年第1期。

[14]邓力平、何巧、王智烜:《减税降费背景下企业税负对创新的影响研究》,《经济与管理评论》2020年第6期。

[15]狄灵瑜、步丹璐:《混合所有制改革制度背景下异质性大股东对企业创新投入的影响——基于国有企业和非国有企业的比较分析》,《研究与发展管理》2021年第4期。

[16]杜勇、谢瑾、陈建英:《CEO金融背景与实体企业金融化》,《中国工业经济》2019年第5期。

[17]杜勇、张欢、陈建英:《金融化对实体企业未来主业发展的影响:促进还是抑制》,《中国工业经济》2017年第12期。

[18]段国蕊、于靓:《制造业高质量发展评价体系构建与测度:以山东省为例》,《统计与决策》2021年第18期。

[19]段军山、庄旭东:《金融投资行为与企业技术创新——动机分析与经验证据》,《中国工业经济》2021年第1期。

[20]段姝、刘霞、殷蓉等:《减税降费赋能企业高质量发展了吗?》,《经济问题》2022年第1期。

[21]段姝、杨彬:《财政补贴与税收优惠的创新激励效应研究——来自民营科技型企业规模与生命周期的诠释》,《科技进步与对策》2020年第16期。

[22]范蕊、余明桂、陈冬:《降低企业税率是否能够促进企业创新?》,《中南财经政法大学学报》2020年第4期。

[23]范子英、彭飞:《"营改增"的减税效应和分工效应:基于产业互联的视角》,《经济研究》2017年第2期。

[24]方明月:《中国地区制度质量对企业资产结构的影响》,《经济社会体制比较》2018年第4期。

[25]冯俊诚:《减税与减负——来自所得税优惠政策的经验证据》,《经济学(季刊)》2022年第1期。

[26]付文林、赵永辉:《税收激励、现金流与企业投资结构偏向》,《经济研究》2014年第5期。

[27]高培勇:《论完善税收制度的新阶段》,《经济研究》2015年第2期。

[28]高正斌、张开志、倪志良:《减税能促进企业创新吗——基于所得税分享改革的准自然实验》,《财政研究》2020年第8期。

[29]辜胜阻、吴华君、吴沁沁等:《创新驱动与核心技术突破是高质量发展的基石》,《中国软科学》2018年第10期。

[30]郭翠荣、刘亮:《基于因子分析法的我国上市商业银行竞争力评价研究》,《管理世界》2012年第1期。

[31]郭丽虹、徐晓萍:《中小企业融资约束的影响因素分析》,《南方经济》2012年第12期。

[32]郭涛、孙玉阳:《环境规制对企业高质量发展作用之谜——基于异质性企业与全要素生产率分解视角》,《暨南学报(哲学社会科学版)》2021年第3期。

[33]郭一君:《行为金融学研究述评——基于马克思主义政治经济学的视角》,《河南社会科学》2021年第7期。

[34]洪银兴:《改革开放以来发展理念和相应的经济发展理论的演进——兼论高质量发展的理论渊源》,《经济学动态》2019年第8期。

[35]洪银兴:《准确认识供给侧结构性改革的目标和任务》,《中国工业经济》2016年第6期。

[36]洪宇、马成文:《我国经济高质量发展指数构建与测度》,《统计与决策》2020年第13期。

[37]后小仙、郑田丹:《金融化、财政激励与企业投资结构》,《审计与经济研究》2021年第3期。

[38]胡海峰、窦斌、王爱萍:《企业金融化与生产效率》,《世界经济》2020年第1期。

[39]胡洪曙、李捷:《财政竞争、预算软约束与企业税负》,《经济管理》2022年第6期。

[40]胡奕明、王雪婷、张瑾:《金融资产配置动机:"蓄水池"或"替代"——来自中国上市公司的证据》,《经济研究》2017年第1期。

[41]花贵如、刘志远、郑凯:《机构投资者是股票市场影响实体经济的助推器吗——基于投资者情绪对公司资本投资的视角》,《经济与管理研究》2015年第2期。

[42]黄宏斌、翟淑萍、陈静楠:《企业生命周期、融资方式与融资约

束——基于投资者情绪调节效应的研究》,《金融研究》2016年第7期。

[43]黄庆华、陈习定、张芳芳、周骎宸:《CEO两职合一对企业技术创新的影响研究》,《科研管理》2017年第3期。

[44]黄群慧:《论新时期中国实体经济的发展》,《中国工业经济》2017年第9期。

[45]黄速建、肖红军、王欣:《论国有企业高质量发展》,《中国工业经济》2018年第10期。

[46]黄婷婷、高波:《金融发展、融资约束与企业创新》,《现代经济探讨》2020年第3期。

[47]黄贤环、吴秋生、王瑶:《金融资产配置与企业财务风险:"未雨绸缪"还是"舍本逐末"》,《财经研究》2018年第12期。

[48]黄贤环、张娴婧:《增值税税负、议价能力与企业"脱实向虚"》,《外国经济与管理》2023年第5期。

[49]黄永明、姜泽林:《金融结构、产业集聚与经济高质量发展》,《科学学研究》2019年第10期。

[50]贾俊雪、秦聪、张静:《财政政策、货币政策与资产价格稳定》,《世界经济》2014年第12期。

[51]贾俊雪:《税收激励、企业有效平均税率与企业进入》,《经济研究》2014年第7期。

[52]贾丽桓、肖翔:《资本市场开放与企业高质量发展——基于代理成本与创新激励视角》,《现代经济探讨》2021年第12期。

[53]江三良、张心怡:《企业金融化与经营业绩:抑制与异质》,《调研世界》2022年第8期。

[54]江艇:《因果推断经验研究中的中介效应与调节效应》,《中国工业经济》2022年第5期。

[55]金碚:《关于"高质量发展"的经济学研究》,《中国工业经济》2018年第4期。

[56]孔军、原靖换:《"减税降费"下上市企业税负对创新产出的影响研究》,《中国软科学》2021年第S1期。

[57]黎精明、张泽宇:《国有企业发展质量评价指标体系构建与实证》,《统计与决策》2021年第12期。

[58]李建军、张书瑶:《税收负担、财政补贴与企业杠杆率》,《财政研究》2018年第5期。

[59]李健、张金林、董小凡:《数字经济如何影响企业创新能力:内在机制与经验证据》,《经济管理》2022年第8期。

[60]李金昌、史龙梅、徐蔼婷:《高质量发展评价指标体系探讨》,《统计研究》2019年第1期。

[61]李林木、汪冲:《税费负担、创新能力与企业升级——来自"新三板"挂牌公司的经验证据》,《经济研究》2017年第11期。

[62]李明洋、张乃丽:《企业数字化转型促进还是抑制了"走出去":来自中国A股上市企业的证据》,《世界经济研究》2022年第10期。

[63]李平、付一夫、张艳芳:《生产性服务业能成为中国经济高质量增长新动能吗》,《中国工业经济》2017年第12期。

[64]李强:《经济高质量发展评价指标体系构建与测度》,《统计与决策》2021年第15期。

[65]李巧华:《新时代制造业企业高质量发展的动力机制与实现路径》,《财经科学》2019年第6期。

[66]李维安、马超:《"实业+金融"的产融结合模式与企业投资效率——基于中国上市公司控股金融机构的研究》,《金融研究》2014年

第 11 期。

[67]李向春、孙钰、姚鹏:《公共基础设施社会效益组合评价——以天津市为例》,《现代城市研究》2017 年第 3 期。

[68]李雄飞:《董事会多元化对国有上市企业高质量发展的影响研究》,《经济问题》2022 年第 6 期。

[69]李旭辉:《基于 AHP-熵权组合赋权的人文社会科学发展评价模型及实证——以财经类高校为例》,《科技管理研究》2016 年第 20 期。

[70]李云鹤、李湛、唐松莲:《企业生命周期、公司治理与公司资本配置效率》,《南开管理评论》2011 年第 3 期。

[71]李湛、张良、罗鄂湘:《科技创新政策、创新能力与企业创新》,《科研管理》2019 年第 10 期。

[72]李真、李茂林:《中国式减税降费与经济高质量发展:企业金融化视角的研究》,《财经研究》2021 年第 6 期。

[73]连玉君、彭方平、苏治:《融资约束与流动性管理行为》,《金融研究》2010 年第 10 期。

[74]刘畅、李君:《减税能否弱化实体企业金融化?》,《经济与管理研究》2021 年第 12 期。

[75]刘冬冬:《实体企业金融化对企业高质量发展的影响》,《统计与决策》2022 年第 11 期。

[76]刘笃池、贺玉平、王曦:《企业金融化对实体企业生产效率的影响研究》,《上海经济研究》2016 年第 8 期。

[77]刘俸奇、储德银、姜春娜:《财政透明、公共支出结构与地方政府治理能力》,《经济学动态》2021 年第 4 期。

[78]刘贯春、张军、刘媛媛:《金融资产配置、宏观经济环境与企业

杠杆率》,《世界经济》2018年第1期。

[79]刘建民、唐红李、杨婷婷:《增值税税负如何影响制造业企业升级——来自中国上市公司的证据》,《财经论丛》2020年第6期。

[80]刘骏、刘峰:《财政集权、政府控制与企业税负——来自中国的证据》,《会计研究》2014年第1期。

[81]刘利平、江玉庆、李金生:《基于组合赋权法的企业技术创新能力评价》,《统计与决策》2017年第13期。

[82]刘诗源、林志帆、冷志鹏:《税收激励提高企业创新水平了吗——基于企业生命周期理论的检验》,《经济研究》2020年第6期。

[83]刘姝雯、刘建秋、阳旸:《企业金融化与生产效率:"催化剂"还是"绊脚石"》,《南开管理评论》2023年第1期。

[84]刘伟:《经济新常态与供给侧结构性改革》,《管理世界》2016年第7期。

[85]刘小怡:《马克思一般均衡理论及其现实意义》,《华中科技大学学报(社会科学版)》2011年第1期。

[86]刘行、李小荣:《金字塔结构、税收负担与企业价值:基于地方国有企业的证据》,《管理世界》2012年第8期。

[87]刘行、叶康涛:《金融发展、产权与企业税负》,《管理世界》2014年第3期。

[88]刘怡、侯思捷、耿纯:《增值税还是企业所得税促进了固定资产投资——基于东北三省税收政策的研究》,《财贸经济》2017年第6期。

[89]刘志彪、凌永辉:《结构转换、全要素生产率与高质量发展》,《管理世界》2020年第7期。

[90]鲁晓东、连玉君:《中国工业企业全要素生产率估计:1999—

2007》,《经济学(季刊)》2012年第2期。

[91]吕冰洋、詹静楠、李钊:《中国税收负担:孰轻孰重?》,《经济学动态》2020年第1期。

[92]马海涛、朱梦珂:《税收负担对企业固定资产投资的影响——基于税种差异视角的研究》,《经济理论与经济管理》2021年第11期。

[93]马金华、林源、费堃桀:《企业税费负担对经济高质量发展的影响分析——来自我国制造业的证据》,《当代财经》2021年第3期。

[94]马宁、王雷:《企业生命周期、竞争战略与风险承担》,《当代财经》2018年第5期。

[95]马宗国、曹璐:《制造企业高质量发展评价体系构建与测度——2015—2018年1881家上市公司数据分析》,《科技进步与对策》2020年第17期。

[96]毛德凤、彭飞、刘华:《税收激励对企业投资增长与投资结构偏向的影响》,《经济学动态》2016年第7期。

[97]毛捷、郭玉清、曹婧等:《融资平台债务与环境污染治理》,《管理世界》2022年第10期。

[98]孟茂源、张广胜:《劳动力成本上升对制造业企业高质量发展的影响分析》,《经济问题探索》2021年第2期。

[99]聂辉华、阮睿、沈吉:《企业不确定性感知、投资决策和金融资产配置》,《世界经济》2020年第6期。

[100]聂长飞、简新华:《中国高质量发展的测度及省际现状的分析比较》,《数量经济技术经济研究》2020年第2期。

[101]庞凤喜、刘畅:《企业税负、虚拟经济发展与工业企业金融化——来自A股上市公司的证据》,《经济理论与经济管理》2019年第3期。

[102]庞凤喜、牛力:《论新一轮减税降费的直接目标及实现路径》,《税务研究》2019年第2期。

[103]裴广一:《论有效市场与有为政府:理论演进、历史经验和实践内涵》,《甘肃社会科学》2021年第6期。

[104]彭俞超、刘代民、顾雷雷:《减税能缓解经济"脱实向虚"吗——来自上市公司的证据》,《税务研究》2017年第8期。

[105]浦小松、陈伟:《我国固定资产投资与经济增长的协整性研究》,《市场论坛》2009年第2期。

[106]戚聿东、张任之:《金融资产配置对企业价值影响的实证研究》,《财贸经济》2018年第5期。

[107]申亮、刘浩:《财政压力、税收竞争与地方政府财政收入质量》,《上海财经大学学报》2022年第6期。

[108]盛明泉、汪顺、商玉萍:《金融资产配置与实体企业全要素生产率:"产融相长"还是"脱实向虚"》,《财贸研究》2018年第10期。

[109]施本植、汤海滨:《什么样的杠杆率有利于企业高质量发展》,《财经科学》2019年第7期。

[110]石大千、胡可、陈佳:《城市文明是否推动了企业高质量发展——基于环境规制与交易成本视角》,《产业经济研究》2019年第6期。

[111]宋德勇、文泽宙:《双循环的贸易分工逻辑与经济效益》,《经济学动态》2022年第7期。

[112]宋军、陆旸:《非货币金融资产和经营收益率的U形关系——来自我国上市非金融公司的金融化证据》,《金融研究》2015年第6期。

[113]宋丽智:《我国固定资产投资与经济增长关系再检验:

1980—2010年》,《宏观经济研究》2011年第11期。

[114]宋清华、谢坤:《地区金融发展、异质性与实体企业金融化》,《现代经济探讨》2021年第2期。

[115]苏坤:《国有金字塔层级对公司风险承担的影响——基于政府控制级别差异的分析》,《中国工业经济》2016年第6期。

[116]苏丽敏、马翔文:《经济高质量发展评价指标体系的构建》,《统计与决策》2022年第2期。

[117]苏屹、于跃奇、李丹:《企业创新能力对可持续发展能力影响研究——基于政府补助的调节作用》,《华东经济管理》2018年第11期。

[118]苏永伟、陈池波:《经济高质量发展评价指标体系构建与实证》,《统计与决策》2019年第24期。

[119]孙正:《服务业的"营改增"提升了制造业绩效吗?》,《中国软科学》2020年第9期。

[120]谭雪、李婧萱:《新一轮所得税减税对缓解企业融资约束异质性分析》,《中国流通经济》2022年第8期。

[121]唐红祥、李银昌:《税收优惠与企业绩效:营商环境和企业性质的调节效应》,《税务研究》2020年第12期。

[122]唐宜红、张鹏杨:《全球价值链嵌入对贸易保护的抑制效应:基于经济波动视角的研究》,《中国社会科学》2020年第7期。

[123]童锦治、苏国灿、魏志华:《"营改增"、企业议价能力与企业实际流转税税负——基于中国上市公司的实证研究》,《财贸经济》2015年第11期。

[124]王国刚:《金融脱实向虚的内在机理和供给侧结构性改革的深化》,《中国工业经济》2018年第7期。

[125] 王红建、曹瑜强、杨庆等:《实体企业金融化促进还是抑制了企业创新——基于中国制造业上市公司的经验研究》,《南开管理评论》2017 年第 1 期。

[126] 王瑶、黄贤环:《企业高质量发展的指标体系构建与实现路径》,《统计与决策》2021 年第 12 期。

[127] 王业斌、许雪芳:《减税降费与经济高质量发展——来自小微企业的微观证据》,《税务研究》2019 年第 12 期。

[128] 王一鸣:《百年大变局、高质量发展与构建新发展格局》,《管理世界》2020 年第 12 期。

[129] 王永钦、李蔚、戴芸:《僵尸企业如何影响了企业创新——来自中国工业企业的证据》,《经济研究》2018 年第 11 期。

[130] 王竹泉、江玮滢、宋晓缤等:《高质量发展与中国宏观会计信息质量综合评价》,《会计研究》2021 年第 4 期。

[131] 温忠麟、叶宝娟:《中介效应分析:方法和模型发展》,《心理科学进展》2014 年第 5 期。

[132] 吴成颂、程茹枫:《董事网络与制造业企业高质量发展——基于金融发展门槛效应的实证分析》,《安徽大学学报(哲学社会科学版)》2021 年第 4 期。

[133] 吴非、向海凌:《企业金融化影响技术创新的期限结构异质性研究——理论模型推演与中国经验证据》,《当代经济管理》2020 年第 2 期。

[134] 吴光芸:《论从"回应性"政府向"前瞻性"政府转变——政策冲突与政策滞后的治理与防范机制探讨》,《现代经济探讨》2014 年第 5 期。

[135] 吴联生:《国有股权、税收优惠与公司税负》,《经济研究》

2009年第10期。

[136]吴先明、张楠、赵奇伟:《工资扭曲、种群密度与企业成长:基于企业生命周期的动态分析》,《中国工业经济》2017年第10期。

[137]吴遵杰、陈勇:《一般均衡理论批判》,《政治经济学评论》2016年第1期。

[138]伍戈、谢洁玉:《论凯恩斯主义的理论边界与现实约束——国际金融危机后的思考》,《国际经济评论》2016年第5期。

[139]席鹏辉、梁若冰、谢贞发、苏国灿:《财政压力、产能过剩与供给侧改革》,《经济研究》2017年第9期。

[140]夏晓兰、高凡懿、赖黎:《企业金融化、媒体监督与财务风险》,《金融论坛》2020年第11期。

[141]肖春明:《增值税税率下调对企业投资影响的实证研究——基于减税的中介效应》,《税务研究》2021年第3期。

[142]肖志超、郑国坚、蔡贵龙:《企业税负、投资挤出与经济增长》,《会计研究》2021年第6期。

[143]谢家智、江源、王文涛:《什么驱动了制造业金融化投资行为——基于A股上市公司的经验证据》,《湖南大学学报(社会科学版)》2014年第4期。

[144]谢家智、王文涛、江源:《制造业金融化、政府控制与技术创新》,《经济学动态》2014年第11期。

[145]信春华、张笑愚、祖楠楠:《控股股东股权质押、减税降费与实体企业"高成本"现象》,《当代财经》2022年第10期。

[146]徐超、庞保庆、张充:《降低实体税负能否遏制制造业企业"脱实向虚"》,《统计研究》2019年第6期。

[147]许伟、陈斌开:《税收激励和企业投资——基于2004—2009

年增值税转型的自然实验》,《管理世界》2016 年第 5 期。

[148]许志勇、胡伟、邓青等:《企业金融化、市场化进程与风险承担》,《中国软科学》2020 年第 10 期。

[149]薛菁、林莉:《新一轮减税降费影响制造业企业高质量发展路径探析》,《哈尔滨商业大学学报(社会科学版)》2021 年第 5 期。

[150]薛有志、刘鑫:《所有权性质、现金流权与控制权分离和公司风险承担——基于第二层代理问题的视角》,《山西财经大学学报》2014 年第 2 期。

[151]闫坤、侯思捷:《减税降费的政策分析与路径演进》,《北京大学学报(哲学社会科学版)》2020 年第 1 期。

[152]闫坤、于树一:《税收调节职能再思考:理论分析与税制决定》,《税务研究》2014 年第 2 期。

[153]严金强:《基于资本流动的动态一般均衡理论模型探讨》,《财经研究》2015 年第 1 期。

[154]杨灿明:《减税降费:成效、问题与路径选择》,《财贸经济》2017 年第 9 期。

[155]杨林、沈春蕾:《减税降费赋能中小企业高质量发展了吗——基于中小板和创业板上市公司的实证研究》,《经济体制改革》2021 年第 2 期。

[156]杨松令、牛登云、刘亭立等:《行为金融视角下投资者情绪对实体企业金融化的影响研究》,《管理评论》2021 年第 6 期。

[157]杨晓妹、刘文龙:《财政 R&D 补贴、税收优惠激励制造业企业实质性创新了吗——基于倾向得分匹配及样本分位数回归的研究》,《产经评论》2019 年第 3 期。

[158]叶堂林、刘莹、李国梁:《创新政策、创新要素与城市群创新

能力提升》,《统计与决策》2022 年第 12 期。

[159] 叶显、吴非、刘诗源:《企业减税的创新驱动效应研究——异质性特征、机制路径与政府激励结构破解》,《现代财经(天津财经大学学报)》2019 年第 4 期。

[160] 叶云龙、姜卫韬:《结构性减税背景下的企业金融化动机——基于企业税收负担视角的实证研究》,《社会科学家》2022 年第 6 期。

[161] 于婷、于法稳:《基于熵权 TOPSIS 法的农业高质量发展评价及障碍因子诊断》,《云南社会科学》2021 年第 5 期。

[162] 余典范、王佳希:《政府补贴对不同生命周期企业创新的影响研究》,《财经研究》2022 年第 1 期。

[163] 余靖雯、郭凯明、麦东仁:《财政压力、企业税费负担与全要素生产率》,《经济学动态》2022 年第 11 期。

[164] 余泳泽、胡山:《中国经济高质量发展的现实困境与基本路径:文献综述》,《宏观质量研究》2018 年第 4 期。

[165] 詹新宇、刘琳琳、王一欢:《地方政府债务扩张与企业高质量发展》,《宏观质量研究》2021 年第 5 期。

[166] 张斌:《减税降费的理论维度、政策框架与现实选择》,《财政研究》2019 年第 5 期。

[167] 张斌:《减税降费与中长期税制优化》,《国际税收》2019 年第 9 期。

[168] 张曾莲、徐方圆:《董事高管责任保险与企业高质量发展——基于代理成本和创新激励视角》,《华东经济管理》2021 年第 2 期。

[169] 张成思、张步昙:《中国实业投资率下降之谜:经济金融化视

角》,《经济研究》2016 年第 12 期。

[170]张成思、郑宁:《中国非金融企业的金融投资行为影响机制研究》,《世界经济》2018 年第 12 期。

[171]张成思、郑宁:《中国实体企业金融化:货币扩张、资本逐利还是风险规避?》,《金融研究》2020 年第 9 期。

[172]张军扩、侯永志、刘培林、何建武、卓贤:《高质量发展的目标要求和战略路径》,《管理世界》2019 年第 7 期。

[173]张克中、欧阳洁、李文健:《缘何"减税难降负":信息技术、征税能力与企业逃税》,《经济研究》2020 年第 3 期。

[174]张青:《营商环境、税收负担与企业绩效——基于国有企业制造业的经验数据》,《江淮论坛》2022 年第 1 期。

[175]张新民、祝继高:《经营资产结构影响高商誉企业的市场价值吗——基于 A 股上市公司的实证研究》,《南开管理评论》2019 年第 2 期。

[176]张璇、张计宝、闫续文、李春涛:《"营改增"与企业创新——基于企业税负的视角》,《财政研究》2019 年第 3 期。

[177]张永冀、孟庆斌:《预期通货膨胀与企业资产结构》,《会计研究》2016 年第 7 期。

[178]赵灿、刘啟仁、袁劲:《税收政策激励与企业风险承担——基于固定资产加速折旧政策的微观经验证据》,《经济科学》2022 年第 5 期。

[179]赵立三、李博文、刘立军:《"收益率宽幅"与转换经济增长动力的政策工具选择》,《河北学刊》2019 年第 5 期。

[180]赵立三、王嘉葳、刘立军:《税收杠杆能够调控资产收益率宽幅度吗》,《会计之友》2022 年第 14 期。

［181］郑宝红、张兆国:《企业所得税率降低会影响全要素生产率吗——来自我国上市公司的经验证据》,《会计研究》2018年第5期。

［182］钟裕民:《公共政策滞后:类型与特征的探讨》,《学术探索》2010年第1期。

［183］周健君、胡有林:《地方国有企业高质量发展评价指标体系研究》,《湖南社会科学》2021年第6期。

［184］周泽将、杜兴强:《税收负担、会计稳健性与薪酬业绩敏感度》,《金融研究》2012年第10期。

［185］周泽将、雷玲、伞子瑶:《营商环境与企业高质量发展——基于公司治理视角的机制分析》,《财政研究》2022年第5期。

［186］朱永明、赵程程、赵健等:《政府补助对企业自主创新的影响研究——基于企业生命周期视角》,《工业技术经济》2018年第11期。

［187］庄序莹、周子轩:《地方财政压力会影响企业税负粘性吗——一种企业税负"痛感"的解释》,《当代财经》2022年第6期。

二、中文著作及学位论文

［1］陆蓉:《陆蓉行为金融学讲义——投资如何避免犯错》,中信出版社2019年版。

［2］王小鲁、樊纲、胡李鹏:《中国分省份市场化指数报告(2018)》,社会科学文献出版社2019年版。

［3］赵立三等:《资产收益率宽幅度:宏观经济政策选择的微观方法》,人民出版社2021年版。

［4］刘畅:《企业税负对企业行为的影响机制及效应研究》,中南财经政法大学博士学位论文,2019年。

[5]刘姝雯:《企业金融化对企业高质量发展的影响研究》,湖南大学博士学位论文,2021年。

三、外文文献

[1] Abhiroop, M., Manpreet, S., Alminas, A., "Do Corporate Taxes Hinder Innovation", *Journal of Financial Economics*, 2017(1).

[2] Adizes, I., *Corporate Life Cycles: How and Why Corporations Grow and Die and What to Do about It*, Prentice Hall, 1988.

[3] Akcigit, U., Grigsby, J., Nicholas, T., Stantcheva, S., *Taxation and Innovation in the 20th Century*, NBER Working Papers, 2018.

[4] Allee, V., *The Knowledge Evolution: Expanding Organizational Intelligence*, Boston: Butterworth-Heinemann, 1997.

[5] Ambrose, B.W., Megginson, W.L., "The Role of Asset Structure, Ownership Structure, and Takeover Defenses in Determining Acquisition Likelihood", *Journal of Financial and Quantitative Analysis*, 1992, Vol.27(4).

[6] Anthony, J.H., Ramesh, K., "Association between Accounting Performance Measures and Stock Prices: A Test of the Life Cycle Hypothesis", *Journal of Accounting and Economics*, 1992(15).

[7] Barro, R.J., "Macroeconomic Effects from Government Purchases and Taxes", *Quarterly Journal of Economics*, 2011(1).

[8] Baud, C., Durand, C., "Financialization, Globalization and the Making of Profits by Leading Retailers", *Socio-Economic Review*, 2012(2).

[9] Baumol, W.J., "The Transactions Demand for Cash: An Inventory Theoretic Approach", The *Quarterly Journal of Economics*, 1952(4).

[10] Belton, P., "Why doesn't Capital Flow from Rich to Poor Countries", *The American Economic Review*, 2017(2).

[11] Bloom, N., Griffith, R., Reenen, J. V., "Do R & D Tax Credits Work? Evidence from a Panel of Countries 1979-1997", *Journal of Public Economics*, 2002(1).

[12] Bond, S., Hoeffler, A., Temple, J., "GMM Estimation and Empirical Growth Models", *Economics Papers*, 2001.

[13] Boushey, H., Nunn, R., O'Donnell, J., et al., "The Damage Done by Recessions and How to Respond", *Recession Ready: Fiscal Policies to Stabilize the American Economy*, 2019(11).

[14] Brown, J.R., Martinsson, G., Petersen, B.C., "Do Financing Constraints Matter for R & D", *European Economic Review*, 2012(8).

[15] Campello, M., Giambona, E., "Real Assets and Capital Structure", *Journal of Financial & Quantitative Analysis*, 2013(5).

[16] Chen, X.G., "The Effect of a Fiscal Squeeze on Tax Enforcement: Evidence from a Natural Experiment in China", *Journal of Public Economics*, 2017(147).

[17] Chofreh, A.G., Goni, F.A., Shaharoun, A.M., et al., "Sustainable Enterprise Resource Planning: Imperatives and Research Directions", *Journal of Cleaner Production*, 2014(71).

[18] Claessens, S., Laeven, L., "Financial Development, Property Right and Growth", *Journal of Finance*, 2003(6).

[19] Claessens, S., Ueda, K., Yafeh, Y., "Institutions and Financial Frictions: Estimating with Structural Restrictions on Firm Value and Investment", *Journal of Development Economics*, 2014(9).

[20] Crotty, J., "The Neoliberal Paradox: The Impact of Destructive Product Market Competition and Impatient Finance on Nonfinancial Corporations in The Neoliberal Era", *Review of Radical Political Economics*, 2003(3).

[21] Cummins, J.G., Hassett, K.A., Hubbard, R.G., "Tax Reforms and Investment: A Cross-Country Comparison", *Journal of Public Economics*, 1996(62).

[22] Czarnitzki, D., Hand, P., Rosa, J.M., "Evaluating the Impact of R & D Tax Credits on Innovation: A Microeconometric Study on Canadian Firms", *Research Policy*, 2011(2).

[23] D'Amico, S., Farka, M., "The Fed and The Stock Market: An Identification based on Intraday Futures Data", *Journal of Business & Economic Statistics*, 2011(1).

[24] Demir, F., "Financial Liberalization, Private Investment and Portfolio Choice: Financialization of Real Sectors in Emerging Markets", *Journal of Development Economics*, 2009(2).

[25] Dickinson, V., "Cash Flow Patterns as a Proxy for Firm Life Cycle", *Accounting Review*, 2011(6).

[26] Domar, E.D., "Capital Expansion, Rate of Growth, and Employment", *Econometrica, Journal of the Econometric Society*, 1946.

[27] Edgerton, J., "Investment Incentives and Corporate Tax Asymmetries", *Journal of Public Economics*, 2010(11-12).

[28] Ferede, E., Dahlby, B., "The Impact of Tax Cuts on Economic Growth: Evidence from The Canadian Provinces", *National Tax Journal*, 2012(3).

[29] Gort, K., "Time Paths in the Diffusion of Product Innovations", *The Economic Journal*, 1982(36).

[30] Hall, B., "R & D Tax Policy during the 1980s: Success or Failure", *Tax Policy and the Economy*, 1993(7).

[31] Hall, B., Reenen, J.V., "How Effective are Fiscal Incentives for R & D? A New Review of the Evidence", *Research Policy*, 2000(4).

[32] Harrod, R.F., "An Essay in Dynamic Theory(1938 draft)", *History of Political Economy*, 1996(2).

[33] Holmstrom, B., "Agency Costs and Innovation", *Journal of Economic Behavior & Organization*, 1989(3).

[34] Howell, A., "Firm R & D, Innovation and Easing Financial Constraints in China: Does Corporate Tax Reform Matter", *Research Policy*, 2016(10).

[35] Howell, S.T., "Financing Innovation: Evidence from R & D Grants", *The American Economic Review*, 2017(4).

[36] Inmaculada, C., Alvarez, A., Chihwa, K., et al., "Long Run Effect of Public Grants and Tax Credits on R & D Investment: A Non-Stationary Panel Data Approach", *Economic Modelling*, 2018(11).

[37] Isabel, B.F., Freitas, C., Roberto, F., et al., "Sectors and the Additionality Effects of R & D Tax Credits: A Cross-Country Microeconometric Analysis", *Research Policy*, 2017(1).

[38] Jing, C., Chen, Y., Xuan, W., "The Impact of Corporate Taxes on Firm Innovation: Evidence from the Corporate Tax Collection Reform in China", *NBER Working Papers*, 2018.

[39] Jorgenson, H., "Tax Policy and Investment Behavior", *The Amer-

ican Economic Review,1967(3).

[40] Jungmann, H., Loretz, S., "On the Measurement of Investment Types: Heterogeneity in Corporate Tax Elasticities", *The World Economy*, 2019(2).

[41] Kahneman, D., Tervsky, A., "The Framing Decisions and the Psychology of Choice", *Science*,1981(211).

[42] Keynes, J.M., "The General Theory of Employment, Interest and Money", *Foreign Affairs (Council on Foreign Relations)*, 1936(5).

[43] Kim, S., "Firm Heterogeneity in Sources of Total Factor Productivity Growth for Japanese Manufacturing Firms", *Applied Economics*, 2018(58).

[44] Klagge, B., Martin, R., "Decentralized versus Centralized Financial Systems: Is There a Case for Local Capital Markets", *Journal of Economic Geography*,2006(4).

[45] Klemm, A., Parys, S., "Empirical Evidence on the Effects of Tax Incentives", *International Tax and Public Finance*,2012(19).

[46] Kliman, A., Williams, S.D., "Why Financialisation hasn't Depressed U.S. Productive Investment", *Cambridge Journal of Economics*, 2015(1).

[47] Laura, D., Martin, J., "Do Corporate Tax Cuts Increase Investments", *Accounting and Business Research*,2016(7).

[48] Leonardo, B., Quan, L., Irina, M., "Corporate Tax Cuts and Foreign Direct Investment", *Journal of Policy Analysis and Management*,2014(4).

[49] Li, X., Liu, X., Wang, Y., "A Model of China's State Capital-

ism", *SSRN Working Paper*, 2015.

[50] Liu, Y., Mao, J., "How do Tax Incentives Affect Investment and Productivity? Firm-Lever Evidence from China", *American Economic Journal: Applied Economics*, 2019(3).

[51] Long, J., Summers, L. H., "Equipment Investment and Economic Growth", *The Quarterly Journal of Economics*, 1991(2).

[52] Lucas, R. E., et al., "On the Mechanics of Economic Development", *Journal of Monetary Economics*, 1988.

[53] Maffini, G., Jing, X., Devereux, M. P., "The Impact of Investment Incentives: Evidence from UK Corporation Tax Returns", *Oxford University: Center for Business Taxation*, 2016.

[54] Malthus, T., *An Essay on the Principle of Population*, London: W. Pickering, 1798.

[55] Mansfield, E., "The R & D Tax Credit and Other Technology Policy Issues", *The American Economic Review*, 1986(2).

[56] Marshall, A., *Principles of Economics*(8th ed.), London: Macmillan, 1920.

[57] Michael, H., "Short and Long Run Effects of a Tax Cut in an Open Economy with a Sticky Real Wage", *Scandinavian Journal of Economics*, 1982(4).

[58] Milberg, W., "Shifting Sources and Uses of Profits: Sustaining US Financialization with Global Value Chains", *Economy and Society*, 2008(3).

[59] Miller, D., Friesen, P. H., "A Longitudinal Study of the Corporate Life Cycle", *Management Science*, 1984(10).

[60] Miller, M., "Corporate Income Taxes and the Cost of Capital: A Correction", *The American Economic Review*, 1963(3).

[61] Ming, C., Sanjay, G., "The Incentive Effects of R&D Tax Credits: An Empirical Examination in an Emerging Economy", *Journal of Contemporary Accounting and Economics*, 2017(3).

[62] Mlachila, M., Tapsoba, R., Tapsoba, S., "A Quality of Growth Index for Developing Countries: A Proposal", *Social Indicators Research*, 2017(134).

[63] Negro, M.D., Otrok, C., "99 Luftballons: Monetary Policy and the House Price Boom across U.S. States", *Journal of Monetary Economics*, 2007(7).

[64] Nissim, D., Penman, S.H., "Ratio Analysis and Equity Valuation: From Research to Practice", *Review of Accounting Studies*, 2001(1).

[65] North, D.C., *Institutions, Institutional Change and Economic Performance*, Cambridge: Cambridge University Press, 1990.

[66] Ohrn, E., "The Effect of Corporate Taxation on Investment and Financial Policy: Evidence from the DPAD", *The American Economic Journal: Economic Policy*, 2018(2).

[67] Olley, G.S., Pakes, A., "The Dynamics of Productivity in the Telecommunications Equipment Industry", *Econometrica*, 1996.

[68] Orhangazi, Ö., "Financialisation and Capital Accumulation in the Non-financial Corporate Sector: A Theoretical and Empirical Investigation on the US Economy: 1973–2003", *Cambridge Journal of Economics*, 2008(6).

[69] Petrin, L.A., "Estimating Production Functions Using Inputs to

Control for Unobservables", *The Review of Economic Studies*, 2003(2).

[70] Porcano, T., "Corporate Tax Rates: Progressive, Proportional, or Regressive", *Journal of the American Taxation Association*, 1986(2).

[71] Prahalad, C.K., Gary, H., "The Core Competence of the Corporation", *Harvard Business Review*, 1990(81).

[72] Romer, P. M., "Increasing Returns and Long-Run Growth", *Journal of Political Economy*, 1986(5).

[73] Schumpeter, J. A., *The Theory of Economic Development*, MA: Harvard University Press, 1934.

[74] Seo, H.J., Kim, H.S., Kim, Y.C., "Financialization and the Slowdown in Korean Firms' R & D Investment", *Asian Economic Papers*, 2012(3).

[75] Simon, B., Peter, H.E., "R & D Tax Incentives and the Emergence and Trade of Ideas", *Economic Policy Panel Meeting*, 2017(32).

[76] Smith, A., *An Inquiry into the Nature and Causes of the Wealth of Nations*, New York: Random House, 1776.

[77] Solow, R.M., "A Contribution to the Theory of Economic Growth", *The Quarterly Journal of Economics*, 1956(1).

[78] Song, Z., Storesletten, K., Zilibotti, F., "Growing like China", *The American Economic Review*, 2011(1).

[79] Stickney, B., *Financial Reporting and Statement Analysis: A Strategic Perspective*, Fort Worth: Dryden Press, 1999.

[80] Swan, T.W., "Economic Growth and Capital Accumulation", *Economic Record*, 1956(32).

[81] Teece, D., Pisano, G., Shuen, A., "Dynamic Capabilities and

Strategic Management", *Strategic Management Journal*, 1997(7).

[82] Tirole, J., *The Theory of Corporate Finance*, Princeton: Princeton University Press, 2006.

[83] Tobin, J., "The Interest-elasticity of Transactions Demand for Cash", *Review of Economics and Statistics*, 1956(2).

[84] Tobin, J., "Money and Economic Growth", *Econometrica*, 1965(4).

[85] Tori, D., Onaran, Ö., "The Effects of Financialization on Investment: Evidence from Firm-level Data for the UK", *Cambridge Journal of Economics*, 2018(5).

[86] Wernerfelt, B., "A Resource-based View of the Firm", *Strategic Management Journal*, 1984(2).

[87] Yagan, D., "Capital Tax Reform and the Real Economy: The Effects of the 2003 Dividend Tax Cut", *The American Economic Review*, 2015(12).

[88] Zott, C., "Dynamic Capabilities and the Emergence of Intra-industry Differential Firm Performance: Insights from a Simulation Study", *Strategic Management Journal*, 2003(2).

[89] Zwick, E., Mahon, J., "Tax Policy and Heterogeneous Investment Behavior", *James Mahon*, 2017(1).

责任编辑：王　淼
封面设计：王欢欢
版式设计：王　婷

图书在版编目（CIP）数据

资产收益率宽幅度：税负调节实体企业高质量发展的路径研究/赵立三，王嘉葳著. —北京：人民出版社，2024.3
ISBN 978-7-01-026379-3

Ⅰ.①资…　Ⅱ.①赵…②王…　Ⅲ.①企业管理-税收管理-研究-中国　Ⅳ.①F812.423

中国国家版本馆 CIP 数据核字（2024）第 033967 号

资产收益率宽幅度：
税负调节实体企业高质量发展的路径研究
ZICHAN SHOUYILÜ KUANFUDU
SHUIFU TIAOJIE SHITI QIYE GAO ZHILIANG FAZHAN DE LUJING YANJIU

赵立三　王嘉葳　著

人 民 出 版 社 出版发行
（100706　北京市东城区隆福寺街99号）

北京九州迅驰传媒文化有限公司印刷　新华书店经销
2024年3月第1版　2024年3月北京第1次印刷
开本：710毫米×1000毫米 1/16　印张：15
字数：188千字
ISBN 978-7-01-026379-3　定价：60.00元

邮购地址 100706　北京市东城区隆福寺街99号
人民东方图书销售中心　电话（010）65250042　65289539

版权所有·侵权必究
凡购买本社图书，如有印制质量问题，我社负责调换。
服务电话：（010）65250042